国家建筑标准设计图集　08SG115-1

U0863660

钢结构施工图参数表示方法制图规则和构造详图

批准部门:　中华人民共和国住房和城乡建设部
组织编制:　中 国 建 筑 标 准 设 计 研 究 院

中国计划出版社

图书在版编目（CIP）数据

国家建筑标准设计图集．钢结构施工图参数表示方法制图规则和构造详图．08SG115－1/中国建筑标准设计研究院组织编制．—北京：中国计划出版社，2008.9
ISBN 978－7－80242－192－9

Ⅰ．国…　Ⅱ．中…　Ⅲ．①建筑设计—中国—图集②钢结构—工程施工—中国—图集　Ⅳ．TU206　TU391－64

中国版本图书馆 CIP 数据核字（2008）第 139170 号

国家建筑标准设计图集
钢结构施工图参数表示
方法制图规则和构造详图
08SG115－1
中国建筑标准设计研究院　组织编制
（邮政编码：100048　电话：010－68799100）
广告发布登记号：京西市监广登字 20170256 号
☆
中国计划出版社出版
（地址：北京市西城区木樨地北里甲 11 号国宏大厦 C 座 3 层）
北京强华印刷厂印刷

787mm×1092mm　1/16　6.75 印张　25.5 千字
2008 年 9 月第 1 版　2021 年 7 月第 10 次印刷
☆
ISBN 978－7－80242－192－9
定价：58.00 元

关于批准《压型钢板、夹芯板屋面及墙体建筑构造（三）》等十三项国家建筑标准设计的通知

建质[2008]125号

各省、自治区建设厅，直辖市建委（规委），总后营房部，新疆生产建设兵团建设局，国务院有关部门：

经审查，批准由中国京冶工程技术有限公司等十二个单位编制的《压型钢板、夹芯板屋面及墙体建筑构造（三）》等十三项标准设计为国家建筑标准设计，自2008年 9 月 1 日起实施。原《风管支吊架》（03K132）、《气体站工程设计与施工》（06R301）标准设计同时废止。

附件：《压型钢板、夹芯板屋面及墙体建筑构造（三）》等十三项国家建筑标准设计名称及编号表

中华人民共和国住房和城乡建设部

二〇〇八年七月八日

"建质[2008]125号"文批准的十三项国家建筑标准设计图集号

序号	图集号	序号	图集号	序号	图集号	序号	图集号	序号	图集号
1	08J925-3	4	08SG115-1	7	08SG311-2	10	08SG510-1	13	08R301
2	08J927-2	5	08G118	8	08SJ110-2 08SG333	11	08K132		
3	08G101-5	6	08SG213-1	9	08SG360	12	08K508-1		

钢结构施工图参数表示方法制图规则和构造详图

批准部门 中华人民共和国住房和城乡建设部 批准文号 建质[2008]125号

主编单位 中国建筑标准设计研究院 统一编号 GJBT-1071

实行日期 二〇〇八年九月一日 图集号 08SG115-1

主编单位负责人 王祥（签名）

主编单位技术负责人 （签名）

技术审定人 张运田（签名）

设计负责人 胡天兵（签名）

目录

总 说 明

1 概述

1.1 为了规范使用钢结构节点参数施工图设计方法，确保设计、制作加工和施工质量，特制定本制图规则。

本图集是钢结构设计施工图采用节点参数表示方法制图的国家建筑标准设计图集。

1.2 设计依据

《钢结构设计规范》	GB50017-2003
《建筑抗震设计规范（含2008年局部修订）》	GB50011-2001
《高层民用建筑钢结构技术规程》	JGJ99-98
《建筑结构制图标准》	GB/T50105-2001
《建筑钢结构焊接技术规程》	JGJ81-2002

1.3 适用范围。本图集适用于非抗震设计及抗震设防烈度为6～9度地区的一般多、高层钢结构建筑及含有钢框架、钢支撑的多、高层建筑（除甲类建筑以外）的钢结构施工图设计。

1.4 材料。应采用符合《钢结构设计规范》（GB50017-2003）中第3.3节和3.4节、《高层民用建筑钢结构技术规程》（JGJ99-98）中第2.0.1～2.0.9条、《建筑抗震设计规范》（GB50011-2001）中第3.9.2～3.9.5条所规定的结构钢材、连接材料及其技术要求。

1.5 图集主要内容。本图集包括常用的钢结构柱、梁、支撑三种构件及其连接节点的节点参数表示方法制图规则、平面及立面布置图、常用节点选用图以及焊缝图例四部分内容。其中节点选用图主要由节点适用范围、节点图、节点参数表（含节点钢板厚度表）组成。

对其他构件及连接节点，将在随后出版的图集中补充。

1.6 本图集构件截面类型为：

钢柱-H形截面、箱形截面；

钢梁-H形截面；

钢支撑-H形截面。

本图集节点类型为：焊接刚接节点。

1.7 本图集的制图规则，既是设计者完成钢柱、钢梁和钢支撑参数法施工图的依据，也是制造加工、施工、监理人员准确理解和实施节点参数法施工图的依据。

1.8 本图集的节点选用图编入了目前国内常用的且较为成熟的节点做法，是制造与施工人员必须与参数法施工图配套使用的正式设计文件。

1.9 本图集的制图规则和节点选用图中未包括的抗震及非抗震构造，以及其他未尽事项，应在具体设计中由设计人员另行设计；也可参照现行国家标准图集《多、高层民用建筑钢结构节点构造详图》（SG519系列）进行设计。

1.10 结构平面布置图中如同时存在混凝土结构，该部分的表达按现行国家标准图集《混凝土结构施工图平面整体表示方法制图规则和构造详图》（G101系列）的规定执行。

1.11 当采用本图集的制图规则时，除遵守本图集有关规定外，还应符合国家现行有关规范、规程和标准。

1.12 本图集的尺寸以毫米为单位，标高以米为单位。

2 总则

2.1 按节点参数法设计绘制的钢结构施工图，一般主要由带节点索引的平面布置图、立面布置图和节点选用图等部分构成。其中常用的或标准的节点图部分可选用本图集，对于非标准的复杂节点，由设计人员自行设计。

2.2 参数注写方式：节点参数的注写方式分为默认标注和指定标注两种。

默认标注系指在节点索引时，仅指明该节点在图集中的页码，而与本类节点相关的所有参数均选用该页码内推荐的默认值，所有参数均不做修改。

指定标注系指在节点索引时，不仅指明该节点在图集中的页码，同时可以按设计需求指定某些节点设计参数。此时，所选用页码内推荐的相关节点参数的默认值将被指定值取代。指定参数既可以标注在平面图索引标识处，也可以在设计图纸中专门注明，例如：“ 本工程所有加腋梁的加劲板厚度均为10mm”等。

在节点选用图的参数表中，参数默认值为表格中方括号内的数值。

构件制作与安装时，指定标注取值优先。

2.3 梁、柱节点的平面索引采用与梁、柱平面位置相对应的象限式形式；支撑节点的立面索引采用与梁、柱、支撑立面位置相对应的象限式形式。详见本图集第6页“钢结构参数化节点设计的基本原理及制图规则”的规定。

2.4 钢柱应按照编号，绘制柱图或柱表，清楚表达钢柱变截面的位置以及钢柱拼接的位置。

2.5 标高标注。

楼板标高一般为结构层楼板的板面标高，同时在其后或下方用括号标明楼板厚度。必要时，应辅以剖面图，表达清楚降板或变厚度等特殊情况。

梁顶标高一般为钢梁的翼缘顶面标高。变截面钢梁应通过改变相关参数以表达截面改变信息。

2.6 主要钢结构构件及部分其他构件代号：

钢框架柱-GKZ

钢柱-GZ

钢框架梁-GKL

钢梁-GL

变截面钢框架梁-GKLb

变截面钢梁-GLb

钢支撑-GC

埋件-MJ

螺栓-M

楼梯柱-TZ（混凝土）、GTZ（钢）

楼梯梁-TL（混凝土）、GTL（钢）

注：当设计图纸上的构件编号与本图集构件编号不一致时，以设计图纸为准。

2.7 为方便设计人员查找所需节点，本图集首次采用索引简图目录的方式。使用者只需在“参数节点索引简图”中查找到相关类型的节点后，根据该简图上所标页码，即可快速查找到所需的节点详图。

2.8 本图集中，每一个节点均在页眉处列出了该类节点的适用范围等注意事项，同时在节点索引图中标明了节点组成形式，设计人员按参数法设计绘制结构施工图时，必须根据工程设计的具体条件，按照不同构件之间相连的节点形式，依据本图集各种节点的适用范围及相关参数法制图规则，在按结构（标准）层绘制的平面布置图以及立面布置图上直接表示各构件的尺寸型号和所索引选用的节点图。

本图集中，多层系指≤12层，高层系指＞12层。

2.9 在平面布置图上表示各构件尺寸、构件定位、洞口大小和位置，以及参数化标准节点索引。在立面布置图上表示各竖向构件尺寸和定位、构件放置方向、钢柱的拼接位置，以及参数化标准节点索引。

2.10 按参数法设计绘制结构施工图时，应将所有柱、梁、支撑构件进行编号，编号中含有构件类型代号和序号等。其中，构件类型代号的主要作用是与所选用的节点图对应，以明确该结构布置图与参数法节点图中相同构件的相互关系，使两者结合构成完整的结构设计图。

2.11 按参数法设计绘制结构施工图时，应使用表格或其他方式注明包括地下和地上各层的结构层楼（地）面标高、结构层高度、楼板厚度及相应的结构层编号。

结构层楼面标高和结构层高度在单项工程中必须统一，以保证基础、钢柱与钢支撑、钢梁、楼板等用同一标准竖向定位。

楼层标高或楼板厚度发生变化的特殊部位，应在该部位另行标注，同时宜采用淡阴影填充，予以明示。

注：结构层楼面标高系指将建筑图中的各层地面和楼面标高值扣除建筑面层及垫层做法厚度后的标高，结构层号应与建筑楼层号对应一致。梁顶标高系指将结构层楼面标高值扣除楼板厚度后的标高。

2.12 为了确保施工人员准确无误地按参数法施工图进行施工，在具体工程的结构设计总说明中必须写明以下与参数法施工图密切相关的内容：

1）注明所选用参数法标准图的图集号（如本图集号为08SG115-1），以免图集升版后在施工中用错版本。

2）写明钢结构的设计使用年限和安全等级。

3）当有抗震设防要求时，应写明建筑的抗震设防类别、抗震设防烈度及结构层数，以明确选用满足相应抗震构造措施的节点详图。

4）写明钢柱、钢支撑、钢梁各类构件所选用的钢材牌号和性能等级以及楼板所选用的混凝土的强度等级和钢筋级别。

5）当具体工程需要对本图集的节点选用图作某些变更时，应在节点索引处指定设计人员自行设计所确定的参数值。当未另行指定时，则节点设计自动按照参数法节点选用图中默认的参数执行。

6）写明钢构件具体的防火和防腐措施，及制作、运输、安装要求。

7）当具体工程中有特殊要求时，应在施工图中另加说明。

2.13 具体工程设计中，当既有所选用本图集的节点，又有设计人员自行设计的节点时，自行设计的节点索引可按常规索引方式注写，引用本图集的节点，可在索引的标准图页码前加注大写英文字母符号以示区别，如图1所示。其中B表示索引的节点为国标图集，具体图集名称可在结构总说明中定义为本图集，数字31系指标准图集B的第31页的节点，数字3表示索引本页的节点3。设计人员应在结构设计总说明图纸中明确注明大写英文字母所代表的具体图集名称。当分别索引不同的国标图集时，可采用不同的大写英文字母代表不同的图集号，并在结构总说明中注明。

图1 节点索引示例

2.14 构造角焊缝的焊脚尺寸：除施工图中注明者外，构造角焊缝的焊脚尺寸hf按表1采用。

2.15 当工程设计中，柱子若采用钢管混凝土柱，选用本图集相应节点时，应按照现行国标图集《多、高层民用建筑钢结构节点构造详图》（SG519系列）修改柱内横膈板（加劲板）做法。

2.16 钢结构平面布置图中，钢梁等构件可采用单线条表示，也可采用双线条表示。对于边梁或洞口边梁，设计人员可根据具体情况，宜采用双线条方式表达；其他部位的钢梁采用单线条方式表达。

2.17 本图集节点做法采用开放式设计，使用者可参照本册图集的设计方法和表达方式自行设计新节点。欢迎使用者将新型节点提供给主编单位，以便推广应用。

表1 构造角焊缝的焊脚尺寸

较厚焊件的厚度 t(mm)	4～5	6～8	10～12	14	16～20	20～24
焊脚尺寸hf(mm)	4	6	8	10	12	14

注：角焊缝的焊脚尺寸hf不得大于较薄焊件厚度的1.2倍；①当表中hf>1.2倍较薄焊件厚度时，取hf=1.2倍较薄焊件厚度；若此时$hf<1.5\sqrt{t}$，则说明焊件厚度不匹配，应调整焊件厚度；②对于比本表中更厚的焊件，不宜采用角焊缝的连接型式，宜采用部分熔透或全熔透的坡口焊接连接型式。

钢结构参数化节点设计的基本原理及制图规则

1 钢结构参数化节点设计的基本原理

1.1 单一化（拆分），即将复杂的节点拆分成若干个独立的组成部分，简化节点详图设计。

如图1，两根梁与一根柱汇交的节点，可以拆分成两个梁—柱节点，每个梁—柱节点不考虑其他梁的相关影响，这时的梁-柱节点相关影响参数最少，设计起来最简单。本图集所给出的多数节点详图是以此为原则设计的。节点详图在单一化设计的基础上，部分考虑了相关联的影响，例如柱子上设置的梁翼缘共用加劲隔板的厚度，就考虑了与之相关梁的影响。

本图集给出的单一化节点，确定其形式和做法的注写数值一般都作为参数变量给出，这些参数变量与梁、柱等汇交构件的截面形式及大小相关，其确定方法和原则在节点的参数取值表格中给出。对某一个节点，设计和构件加工针对的是统一的原则，因此加工出的节点与设计意图是一致的，能有效减少人为出错的可能性。

1.2 整体化（组合），即将单一化的节点组合起来，形成一个完整的工程应用节点。

如图1，同样以两根梁与一根柱汇交的节点为例，拆分的两个单一化节点已经设计完成，把它们组合起来时，梁高、梁截面不同的板厚都会对整体节点产生影响，将这些影响参数化，只要把这些因组合而变化或增加的控制参数合理量化，就可以形成一个完整的工程节点。本图集把因组合而变化或增加的控制参数确定方法和原则在组合参数取值表格中给出。

上述过程，是参数化节点设计的基本思路，设计人员可以采用这种方法设计自己需要的节点。如果采用本图集提供的的参数化节点，只需要从图集中直接选用即可。具体做法将在后面章节阐述。

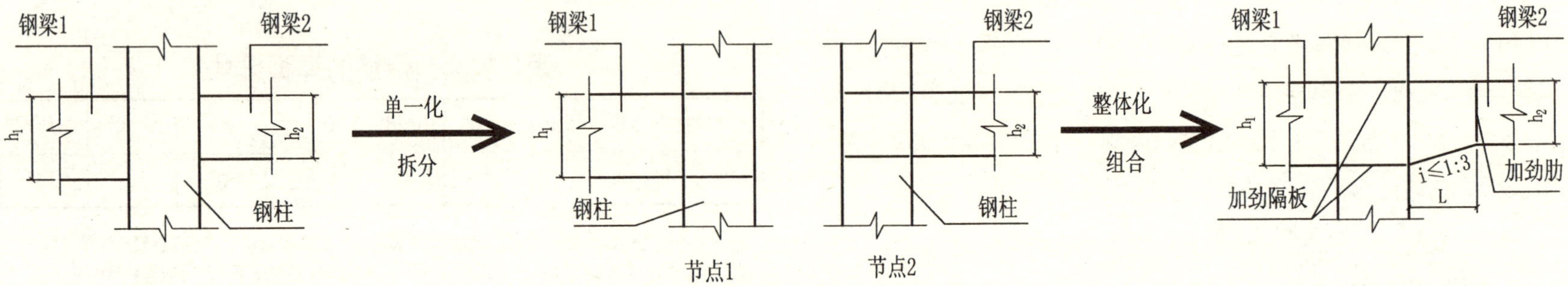

(a) 钢梁1与钢梁2汇交于钢柱　　(a) 拆分成2个单一化节点　　(c) 组合成整体节点

图1 参数化节点设计原理示意图

注：（c）图只要给出L值及加劲隔板、加劲肋等板件参数的确定方法,就可组合出需要的整体节点。

2 节点索引注写方法及设计组合原则

2.1 梁柱节点设计

2.1.1 索引及图示

（1）梁与柱的连接节点从结构平面布置图上进行索引注写，以每个柱及与之相关联的所有梁定义为一组节点，这一组的每一个节点都是拆分的单一化节点。索引注写方式如图2。

（2）梁柱索引节点可以按设计需求指定某些设计参数，这些指定的设计参数在节点详图的参数表中已经给出取值方法，但同时允许设计人员根据设计需求设定。指定参数可以注写在平面图索引标识处，例如索引的是31页3号节点，可指定：tr=10，即表示此节点的梁在加腋折角处的加劲肋厚度取10mm；当具有普遍性时，也可以在设计图纸中用文字统一注明：本工程所有加腋梁折角处的加劲肋厚度均为tr=10mm。

（3）梁与柱各种汇交方式的索引举例见图3。

（4）当梁与柱以一定斜角汇交时，仍可选用本图集提供的节点详图，只是将节点的一些长度控制尺寸按最小处进行控制，如图4所示的Lb确定方式。

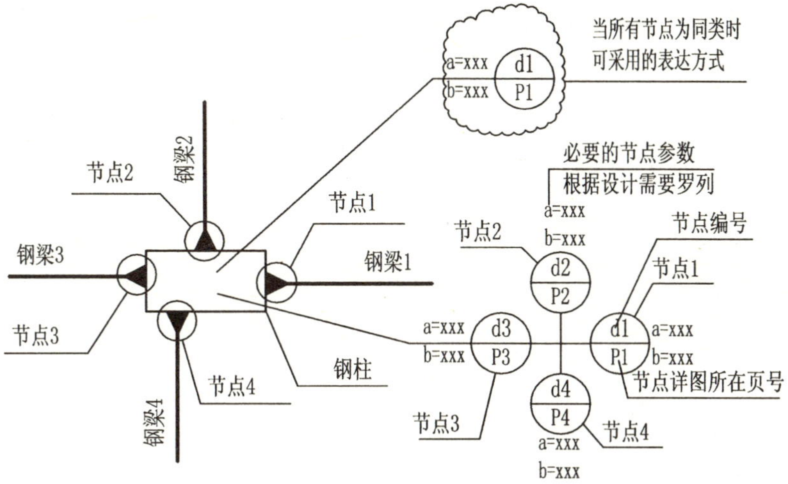

图2 梁柱节点详图索引示意图及说明

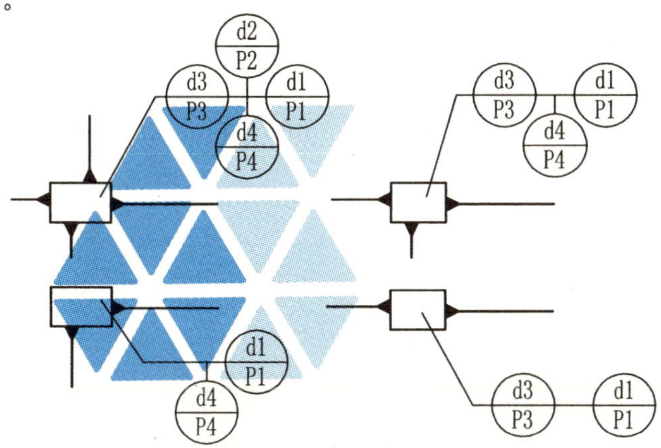

图3 梁柱节点详图的索引方式举例

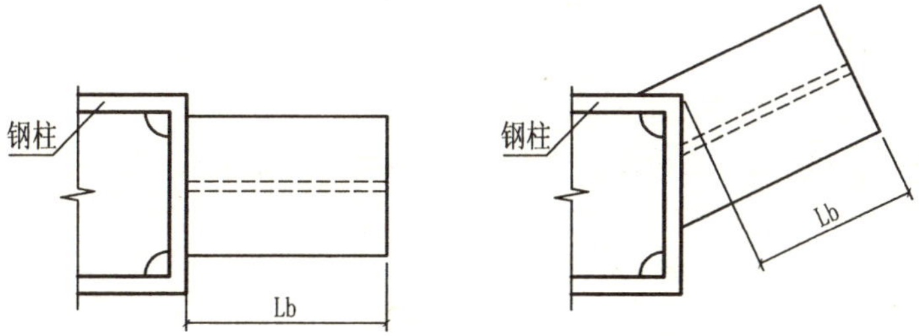

（a）梁与柱垂直汇交　　（b）梁与柱斜向汇交

图4 梁与柱斜向汇交的参数确定

钢结构参数化节点设计的基本原理及制图规则							图集号	08SG115-1
审核	申林	申林	校对	王喆	王喆	设计 胡天兵	胡天兵	页	7

（5）一组梁柱节点中存在同类节点时（梁高不同也为同类）可以简化索引注写，如图5。同方向的两根梁与柱汇交接点为同类时，这个方向可以只注写一个索引节点。当所有汇交梁均为同类节点时，整组节点可以只注写一个索引节点。

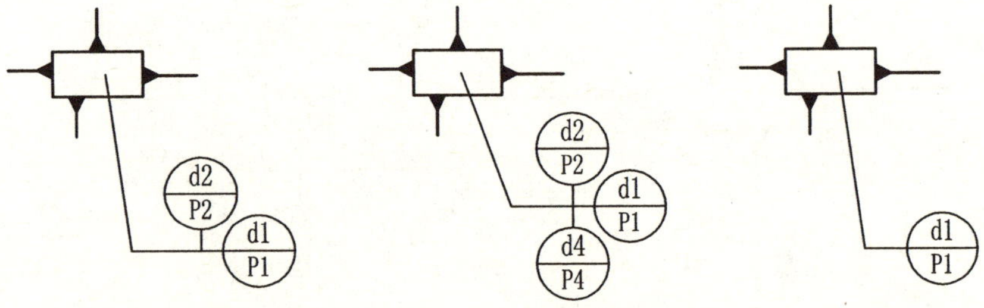

(a)同方向梁柱节点相同　(b)d1与d3相同,d2与d4不同　(c)所有节点相同

图5 梁柱节点索引的简化标注

2.1.2　组合原则

（1）当多根梁与柱汇交时，梁的各自截面一般有所区别，例如梁高、翼缘的宽度和厚度、腹板厚度等往往是不同的，因此组成的共同节点必然相互影响和关联，其中梁高对节点构造的影响最大。梁翼缘厚度的影响及构造处理在单一化的节点中已经考虑，将单一化的节点组合在一起，主要考虑梁高的影响。组合时要同时满足独立节点的参数要求。

（2）两根梁汇交于柱的组合原则见图6，更多根梁的汇交，也是同样的处理原则。

（3）汇交梁的平面位置关系可以在同一轴线上，也可以相互垂直或以一定角度汇交。

（4）梁顶标高不同时，也可以采用梁顶加腋的方式处理，将图6（c）的梁底加腋反向成梁顶加腋即可。

（5）图6（c）的加腋处理方式不仅适用于梁的高度差小于150mm的情况，同样可以用于梁的高度差大于150mm的情况。

（6）梁支座弯矩较大，梁在支座附近不满足强度要求时，也可以采用梁端加腋的截面形式，如图6（c），这时可以将加腋的长度适当放大。

（7）当一组节点中存在斜向汇交梁时，可参照图7处理，本图集同时给出了斜向汇交梁需要加腋时的处理方法。当正交梁需要加腋但受斜梁干扰时，同斜向汇交梁加腋的处理方法。

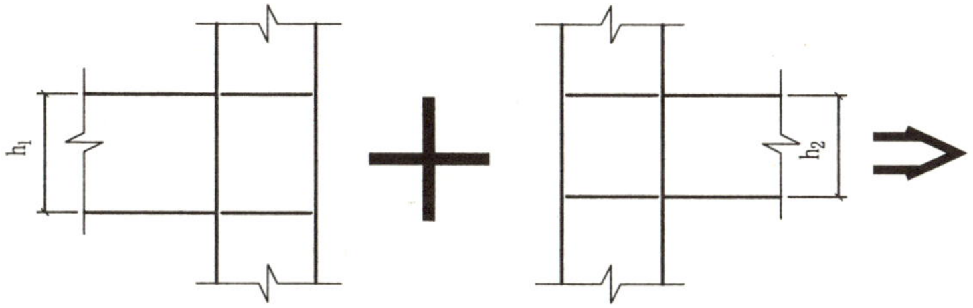

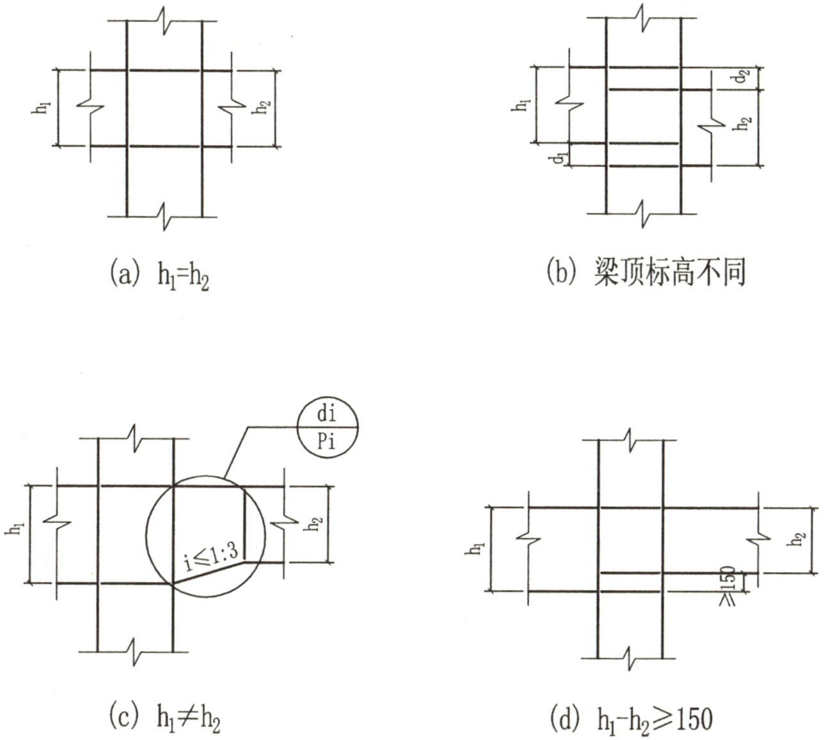

$\frac{di}{Pi}$ 对应不同的连接方式分别为：

$\frac{3}{31}$ $\frac{7}{35}$ $\frac{11}{39}$ $\frac{14}{42}$ $\frac{18}{46}$ $\frac{19}{47}$ $\frac{20}{48}$ $\frac{23}{51}$

$\frac{26}{54}$ $\frac{27}{55}$ $\frac{30}{58}$

图6 梁汇交于同一根柱，相关连接点的组合原则

注：1. 组合时要同时满足单一化节点的参数要求；
2. (b)图d_1或d_2<150时，相应部位采用图(c)的加腋处理方式；
3. 当(c)图$h_1-h_2 \geq 150$时，也可以采用图(d)的做法。

钢结构参数化节点设计的基本原理及制图规则								图集号	08SG115-1
审核	申林	申林	校对	王喆	王喆	设计	胡天兵	页	9

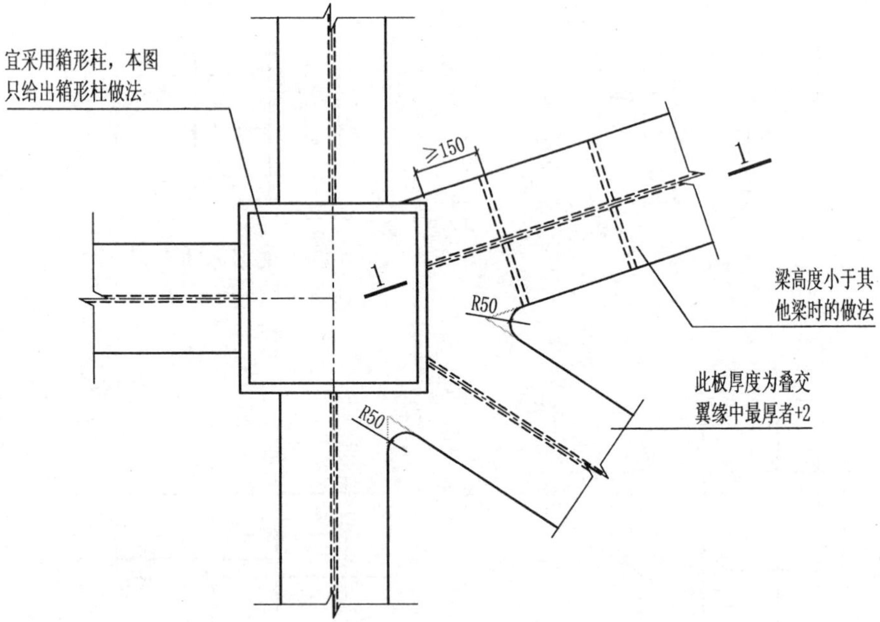

图7 一组节点中存在斜向汇交梁

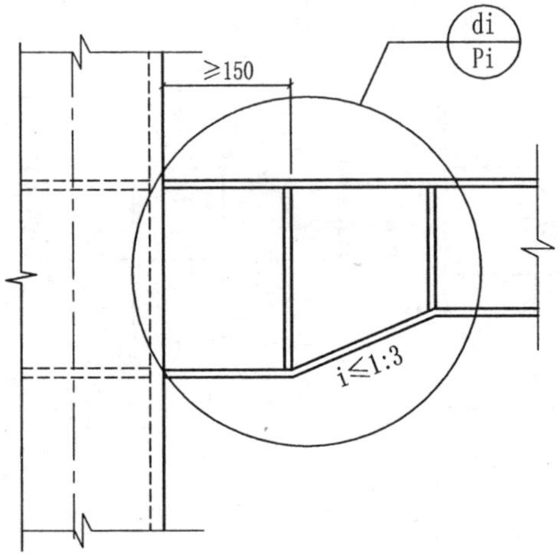

1-1

(di/Pi) 对应不同的连接方式分别为：

(4/32) (8/36)

注：本页图用于钢梁与钢柱连接且存在斜梁的情况，梁、柱平面定位关系由平面布置图确定。

2.2 支撑节点设计

2.2.1 索引及图示

（1）支撑与梁柱的连接节点从结构立面布置图上进行索引注写，以每个柱梁汇交点及与相关联的所有支撑定义为一组节点，这一组的每一个节点都是拆分的单一化节点。索引注写方式如图8。

（2）支撑索引节点可以按设计需求指定某些设计参数，具体做法同梁柱节点。

（3）在索引支撑节点时，梁柱节点的类型及组合后的节点形式应按梁柱节点设计原则初步确定。

（4）支撑节点详图索引方式举例见图9。

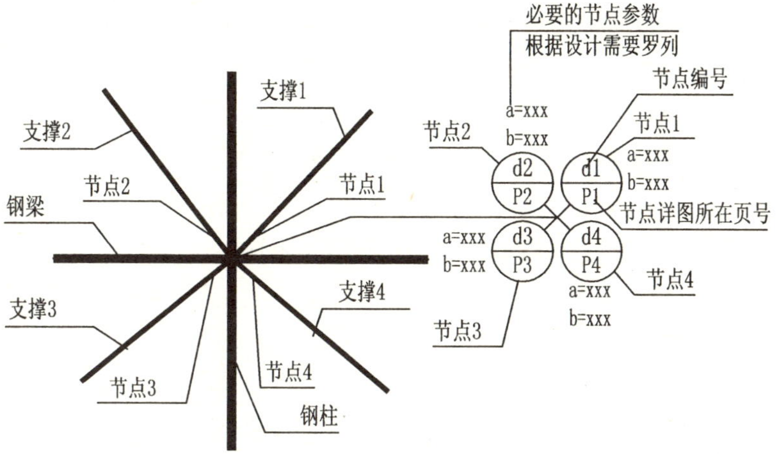

图8 支撑节点详图索引示意图及说明

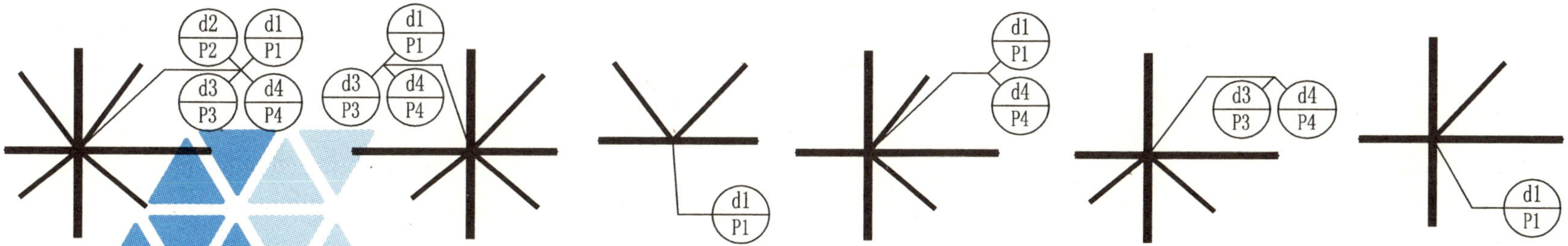

图9 支撑节点详图的索引方式举例

（5）一组支撑节点中存在同类节点时（与支撑截面大小无关）可以简化索引注写，如图10。以梁为分界线，例如梁上（或梁下）的支撑同类时，梁上（或梁下）可以只注写一个索引节点。当所有汇交支撑均为同类节点时，整组节点可以只注写一个支撑索引节点。

（6）在与进行支撑索引立面垂直的方向立面里还有支撑与当前立面里的柱汇交时，宜用虚线示意（见后面章节的立面制图表示规则），只需标识当前立面的支撑节点索引，但在节点组合时应同时考虑。

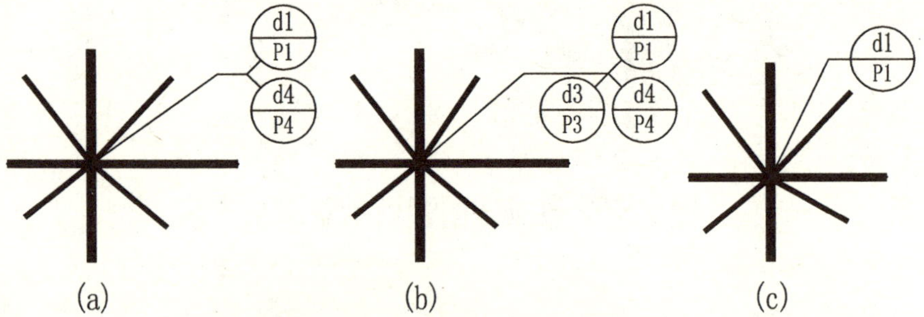

图10 梁柱节点索引的简化标注

注：(a)图梁上的d1与d2相同,梁下的d3与d4相同;
(b)图梁上的d1与d2相同,梁下的d3与d4不同;
(c)图所有节点相同。

2.2.2 组合原则

（1）当多根支撑与柱汇交时，支撑的截面、支撑倾斜角度等可能有所不同，组成的共同节点相互影响和关联，将单一化的支撑节点组合在一起，主要是梁、柱中为支撑翼缘设置的加劲隔板位置及尺寸的参数确定。另外，未考虑支撑影响的梁柱节点组合应先于支承节点的组合。

（2）两根支撑汇交于柱、梁节点的组合原则见图11、图12，更多根梁的汇交，也是同样的处理原则。一般情况下，同层支撑汇交时，相关影响参数为柱中加劲隔板的位置及尺寸等，确定方法见图11；上、下层支撑汇交时，相关影响参数为梁中加劲肋的位置及尺寸等，确定方法见图12。

（3）同层支撑汇交组合时平面位置关系可以在同一轴线上，也可以在相互垂直的方向上。

（4）当一根柱的两个正交立面中都存在支撑时，两个方向支撑是有关联的，应同时进行组合。

（5）当一组支撑节点组合的单一化节点较多，与柱、梁内的加劲隔板同时相关时，可按如下步骤组合：

第一步　只按与柱（或梁）相关来组合，确定相关参数；

第二步　在第一步的基础上，再按与梁（或柱）相关来组合，确定相关参数。

第三步　如第二步确定参数与第一步有所矛盾，将第一步组合的参数在满足第一节点及组合节点参数限值要求的基础上进一步进行调整，如此重复，直至完全符合要求为止。

上述步骤一般重复一次即可调整到位。

（6）两个汇交支撑组合时，有共用加劲隔板和分别设置隔板两类组合方式，每一种做法都是设计允许的。构件加工时可根据实际条件，例如考虑加工成本、工艺实现的难易程度、工艺的可靠性和安全性等方面进行合理选择。允许设计人员指定某种做法。

（7）当遇到梁端加腋时，不论设计图的立面图是否索引了加腋梁的节点，均应直接按照有加腋处理的相关节点组合。

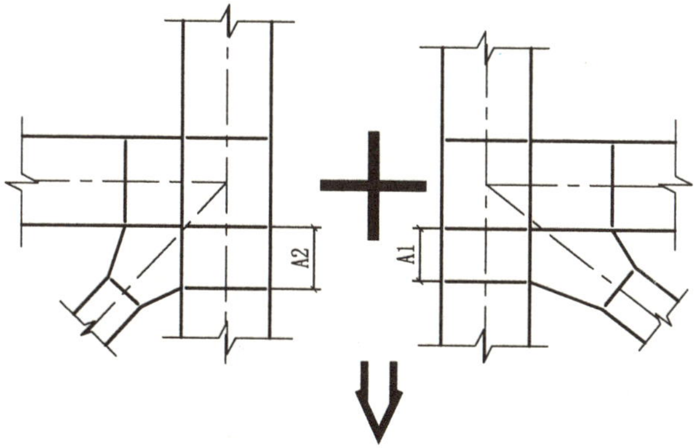

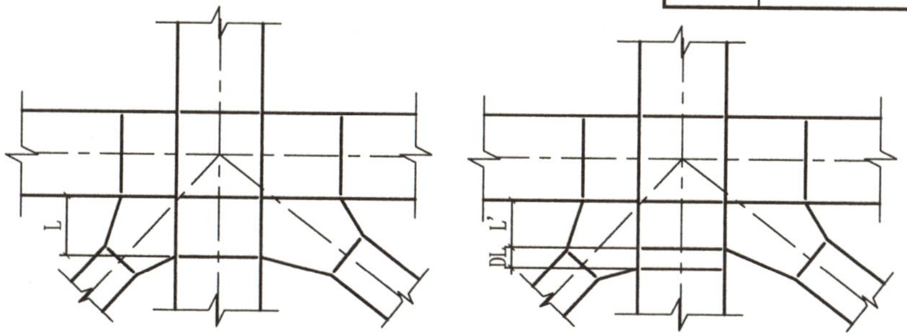

(a)共用柱内加劲隔板　　(b)柱内加劲隔板分别设置

控制参数表

参数名称	参数取值(mm) [参考值]
A1	同单一化节点参数A
A2	同单一化节点参数A
L	≥max(A1,A2) [max(A1,A2)]
L'	≥min(A1,A2) [min(A1,A2)]
DL	≥max(150,|A1-A2|) [max(150,|A1-A2|)]

图11 支撑与柱汇交的组合

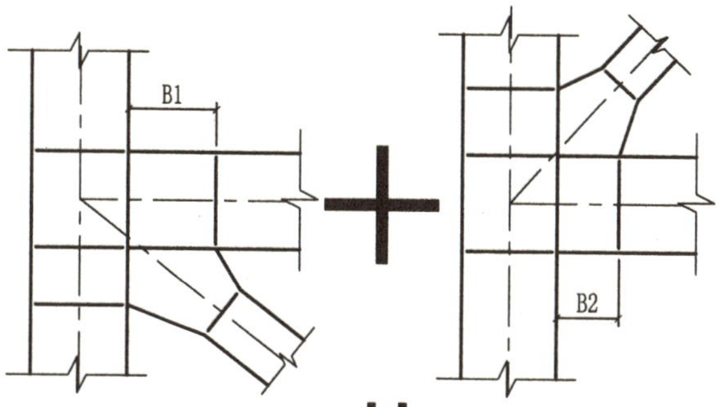

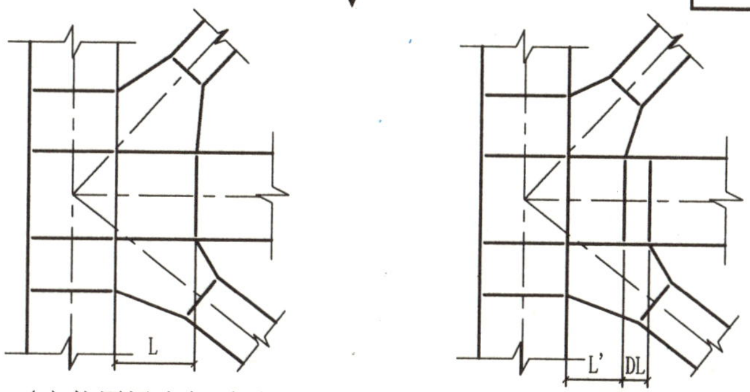

(a)共用梁内加劲肋　　(b)梁内加劲肋分别设置

控制参数表

参数名称	参数取值(mm) [参考值]
B1	同单一化节点参数B
B2	同单一化节点参数B
L	≥max(B1,B2) [max(B1,B2)]
L'	≥min(B1,B2) [min(B1,B2)]
DL	≥max(150,|B1-B2|) [max(150,|B1-B2|)]

图12 支撑与梁汇交的组合

注：1.图11是支撑位于柱两侧的节点组合示意图(组合时要同时满足单一化节点的参数要求)；
2.图12是支撑位于梁上下的节点组合示意图(组合时要同时满足单一化节点的参数要求)。
3.当支撑共用加劲隔板或加劲肋时，共用加劲隔板或加劲肋厚度取支撑翼缘厚度最大者。

平面布置图、立面布置图制图规则

1 平面布置图制图规则

1.1 平面布置图的表示规则

1.1.1 梁柱在平面布置图中应按不同的结构层（标准层），采用适当比例绘制。

1.1.2 平面布置图中应有一个基准标高，该标高为结构层标高减去楼板厚度，即大多数钢梁的梁顶标高。如有个别升板或降板的情况，应在相关的钢梁处注明与基准标高的差值。具体注写见图 1 。

1.1.3 未做定位标注的钢梁、钢柱，均为轴线居中布置。

1.1.4 平面布置图中,梁可以采用单线条表示，也可以根据实际需要采用钢梁的俯视图表示。如图 3、图 4。

1.1.5 在平面布置图中，节点的注写要能充分反映钢柱与各方向钢梁连接的情况。

1.1.6 平面布置图中的构件编号宜按从左到右，从下到上的顺序编写序号。

1.2 平面布置图的注写

1.2.1 平面布置图中的注写内容

(1) 梁、柱编号。

(2) 梁、柱与轴线的关系，即梁柱定位。

(3) 节点和节点索引的注写。

(4) 当结构布置支撑时,应在平面图中注明支撑编号等内容。

1.2.2 钢梁的注写内容

(1) 在平面布置图中，梁的注写内容主要有:编号、标高、与轴线的关系、与钢柱的关系等。

(2) 钢梁的编号包括钢梁的类型代号、序号，另外以列表形式表示出截面尺寸、材质等项内容。参见表 1 ：

表 1 钢构件表

构件类型	代号	序号	编号举例	截面尺寸（mm） 高×宽×腹板厚×翼缘厚	材质
钢框架梁	GKL	XX	GKL5	H600×200×12×16	Q235-B
钢梁（次梁）	GL	XX	GL2	H400×150×8×10	
楼梯梁	GTL	XX	GTL3	H200×200×8×12	

注：截面相同的钢梁可以采用相同的编号。

(3) 钢梁的标高一般为平面布置图的基准标高，可以不加注写；如果与基准标高不一致，需加注写说明，如图 1 ：

图 1 降标高的钢梁注写

注：括号内的数字表示的是钢梁与基准标高的差值，正值表示高于基准标高的数值；负值表示低于基准标高的数值。假定钢梁所在层的基准标高为6.500m，则该钢梁标高为
6.500－0.300=6.200

(4) 钢梁与轴线的关系，钢梁宜轴线居中布置，如有偏轴应注明偏轴尺寸。在钢梁以俯视图表示的平面图中，也可以标注梁边到轴线的尺寸。

(5) 钢梁与钢柱的关系，钢梁中心线宜与钢柱的中心线重合。钢梁与钢柱的连接有两种方式，刚接、铰接，在平面布置图中应按表 2 形式表示：

表 2 钢构件连接示意

构件铰接	
构件刚接	

1.2.3 钢柱的注写内容

（1）在平面布置图中，钢柱的注写内容一般包括编号、与轴线的关系，即定位等。

（2）钢柱的编号包括钢柱的类型代号、序号，另外以列表形式表示出截面尺寸、材质等项内容。参见表 3：

表 3 钢构件表

柱类型	代号	序号	编号举例	截面尺寸（mm） 高×宽×腹板厚×翼缘厚	变截面处标高	材质
钢框架柱	GKZ	XX	GKZ1	H400×400×12×18	7.8	Q235-B
			GKZ2	□400×400×18×18		
楼梯柱	GTZ	XX	GTZ1	H200×200×8×12		

注：编序号时，当柱的总高，分段截面及起止标高均相同时，可将其编为相同柱号。

（3）柱的变截面处宜位于框架梁上方1.3m附近，同时考虑现场接长的施工方便与否。如平面布置图中的基准标高为6.500m，层高3.600m，则变截面位置可设在标高7.800处。

（4）钢柱与轴线的关系，钢柱宜轴线居中布置，如有偏轴应注明偏轴尺寸。

（5）钢柱宜采用柱立面图或柱表的方式，表示出柱变截面处或接长处的标高。

如图 2 中的节点注写表示的是三个方向上钢梁与钢柱的连接。如果每个方向钢梁截面以及与钢柱的连接形式均相同，可用一个索引号表示。如图 3中GKZ2、GKZ3与梁汇交节点均为同类，注写一次即可。

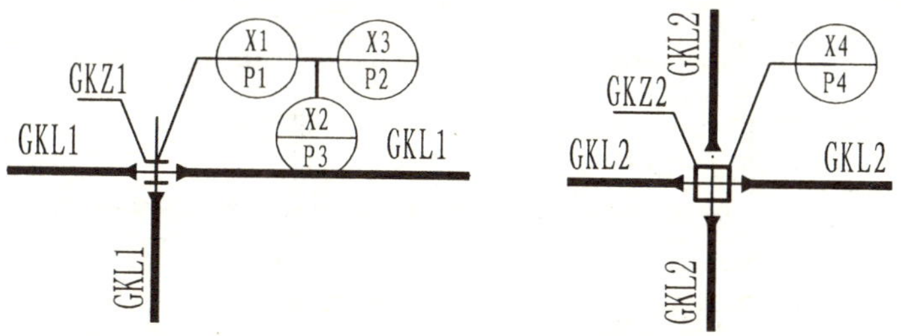

图 2 节点注写示意图

1.2.5 当结构布置中设有支撑时，应在平面图中注明支撑编号，并用虚线表示，如图 4中的GKC1、GKC2。

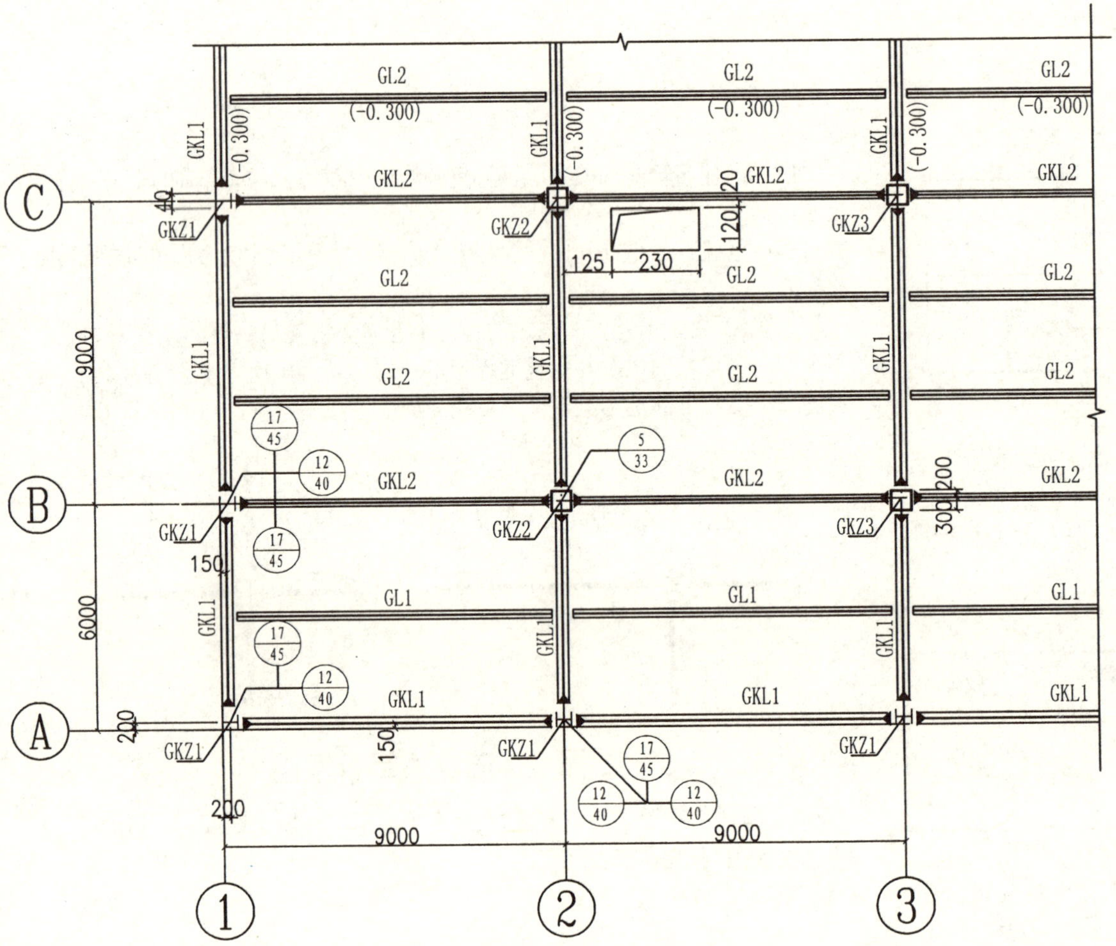

图 3 二层结构平面布置图

(梁顶标高6.000 m)

表 4 钢构件截面表

构件编号	截面尺寸（mm） (高x宽x腹板厚x翼缘厚)	说明
GKL1	H700x300x14x18	焊接H形梁 Q345B
GKL2	H600x180x10x12	
GL1	H500x220x8x14	
GL2	H500x220x8x12	
GKZ1	H400x400x12x18	
GKZ2	□500x500x16x16	焊接箱形柱 Q345B
GKZ3	□500x500x18x18	

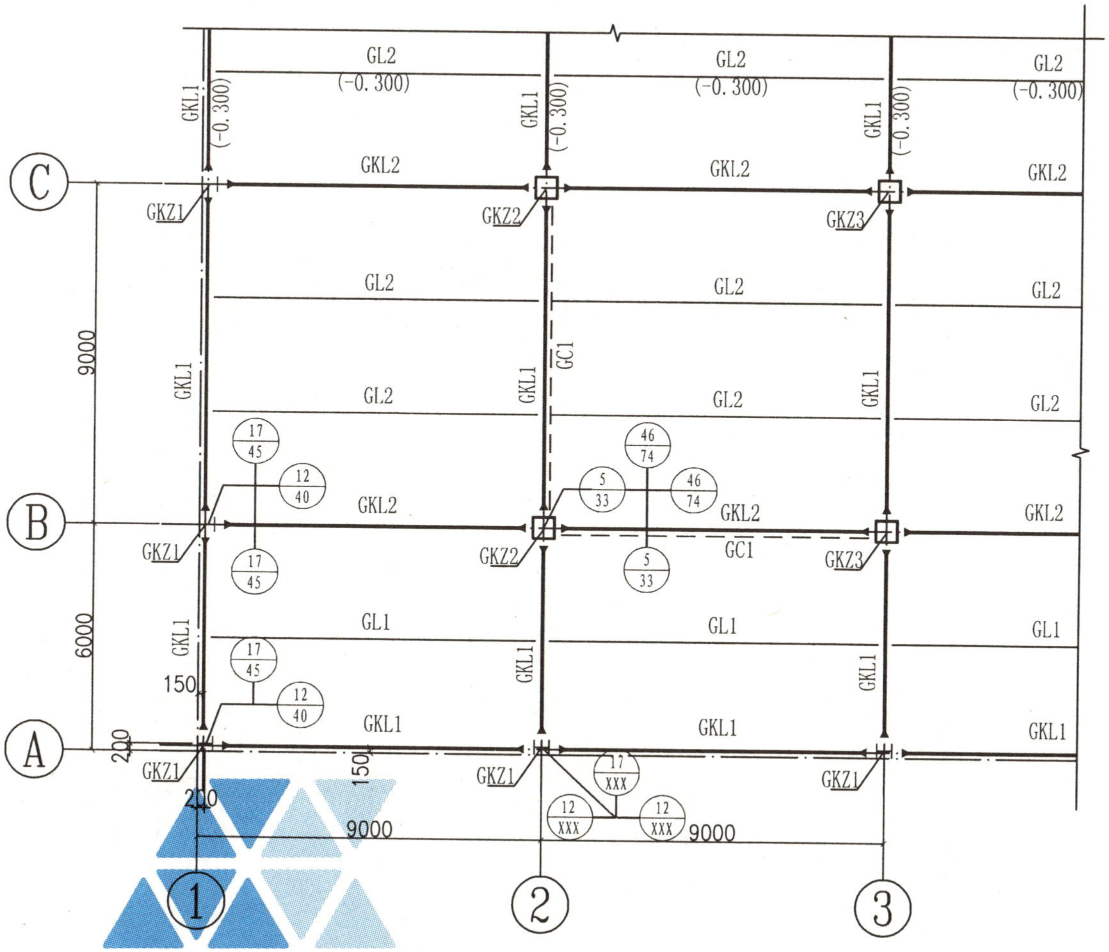

图 4 二层结构平面布置图

(梁顶标高6.000 m)

表 5 钢构件截面表

构件编号	截面尺寸（mm）（高x宽x腹板厚x翼缘厚）	说明
GKL1	H700x300x14x18	焊接H形梁 Q345B
GKL2	H600x300x10x12	
GL1	H500x220x8x14	
GL2	H500x220x8x12	
GKZ1	H400x400x12x18	
GC1	H200x200x10x14	
GKZ2	□500x500x16x16	焊接箱形柱 Q345B
GKZ3	□500x500x18x18	

注：图中钢框架支撑用虚线表示。

1.3 节点索引选用说明。以图 4 为例，说明如何将平面节点与索引图联系起来。钢构件截面见钢构件截面表。

左侧钢梁与钢柱的连接可以按本图集中的 5号节点。与此类似，其他 3 根钢梁和钢柱的连接节点同样可以查出为 5号节点。然后将查出的参数节点索引编号标注在节点附近，且与钢梁方向相对应。

钢梁的截面不同，但与柱的连接形式相同，使用相同的节点索引。如果各方向钢梁与钢柱的连接形式均相同，则不必标注每个方向上的节点索引号，可简化为一个节点索引号。如图 5 。

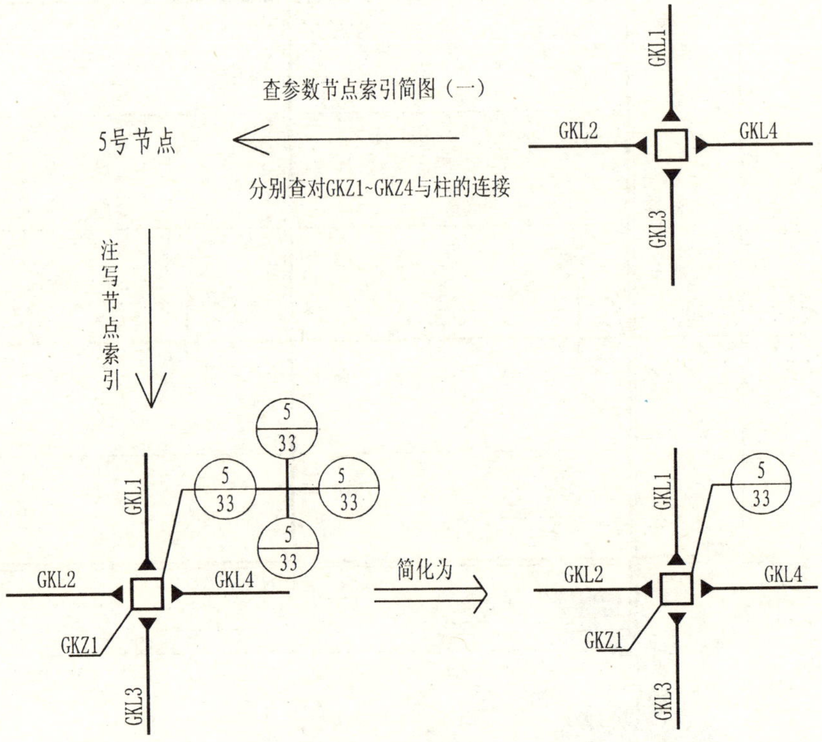

图 5 节点索引选用过程示意图

2 立面布置图制图规则

2.1 立面布置图的表示规则

2.1.1 当结构中布置有支撑或平面布置不足以清楚表达特殊构件布置时，应在平面布置图的基础上，增加立面布置图。立面图应包含柱、梁、支撑和节点等内容。

2.1.2 立面图可挑选布置有支撑或有特殊结构布置的轴网进行投影，并采用适当比例绘制。

2.1.3 立面图中应标明各梁的梁顶标高，可以标注柱变截面处或拼接处的标高。

2.1.4 未作定位标注的梁、柱和支撑均轴线居中布置，其中未作说明的支撑强轴在框架平面内。

2.1.5 立面图中各构件可以采用单线条表示，当单线条表示不清时，也可以采用双线条表示。

2.1.6 当立面图主要是为了表示支撑位置时，应给此立面图编号，如“GKC3”等，并在平面图中注写出来。

2.1.7 钢柱宜采用柱图或柱表的方式，清楚表达柱子变截面或接长处的位置。

2.2 立面布置图的注写内容

2.2.1 注写的基本原则

（1）表达内容的深度。立面图应标明支撑与特殊构件的定位、截面、几何尺寸和连接方式。

（2）必须注写的内容：

1）立面图轴线号和与平面图的对应关系；

2）层高及标高、柱网等主要几何尺寸；

3）支撑的几何参数、构件编号及连接方式（刚接、铰接）；

4）特殊注写内容，如错层、降板、特殊立面构件等平面图无法表达或表达不清楚的内容。

（3）选择性注写的内容：

1）梁、柱编号；

2）梁、柱构件的连接方式（刚接、铰接）；

3）通过其他方式已经表达的内容，如平面图、柱立面图等有专门表示的内容等。

2.2.2 注写方式

（1）柱的注写：

1）立面图轴线号和与平面图的对应关系；

2）层高及标高、柱网等主要几何尺寸；

3）柱段起始端和终止端标高应在图中注明或在说明中写明；

4）可选择性注写柱的编号。

（2）梁的注写：

1）立面图轴线号和与平面图的对应关系；

2）层高及标高、柱网等主要几何尺寸；

3）与统一层标高不一致的梁应单独标明；

4）可选择性注写梁的编号与连接方式。

（3）支撑的注写：

1）在立面图中，钢支撑构件的注写内容有三项，包含编号、支撑两端的定位；

2）钢支撑构件的编号包括钢支撑的类型代号、序号、截面尺寸、材料等内容，如果钢支撑的强轴在框架平面外，则还应在截面尺寸后加注（转），见表6。

表6 支撑类型表

构件类型	代号	序号	编号举例	截面尺寸（mm）（高×宽×腹板厚×翼缘厚）	材质
钢支撑	GC	XX	GC1	H400×400×12×18	Q235-B
钢支撑			GC2	□400×400×16×16	Q235-B
钢支撑（转轴）		XX	GC3	H400×400×12×18（转）	Q235-B

注：截面相同而长度不同的支撑可以采用相同的编号。

3）钢支撑轴线如交汇于梁、柱轴线的交点，则无需定位，如偏离交点，则需要注明与交点偏离的距离。如图6中支撑与梁、柱交点的偏离距离e1为500mm。

4）当该立面的柱在其他方向的立面还有其它支撑与之相连时，另一方向支撑用虚线表示。

5）钢支撑轴线的水平投影与梁轴线水平投影重合。

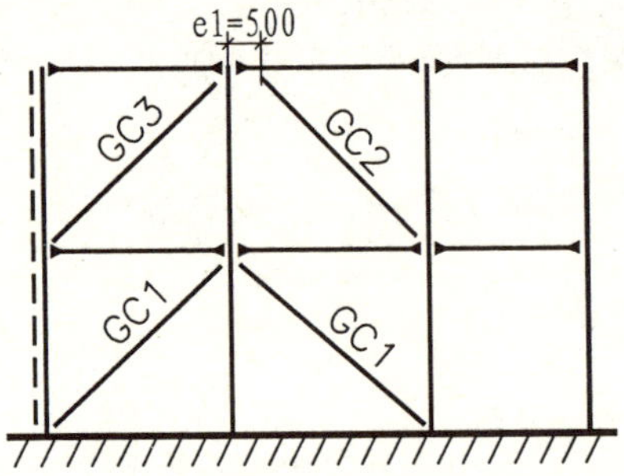

图6 立面布置图中钢支撑的注写规则

（4）节点的注写，其方式如下：

1）在立面布置图中，节点主要表现支撑与梁、柱之间的关系，以及它们连接的情况。

2）节点的注写以索引的方式表达，每个索引表示的是该方向上的钢支撑与梁、柱的连接。

3）节点的每一个索引应与索引简图的节点形式相对应。

4）节点注写举例：如图7中的下部节点注写表示的是两个方向上支撑与梁、柱的连接。如果每个支撑与梁、柱的连接均相同，且支撑的截面也一样，则可用一个索引号表示（如图7的顶部节点）。

（5）一般可以用一个立面对上述内容同时注写。

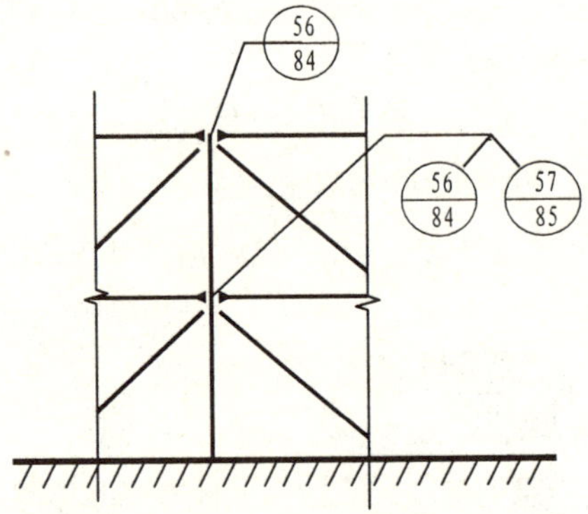

图7 立面布置图中节点的注写规则

2.3 立面注写举例：某工程的GKC1立面的布置图，表示如图8，其中构件截面如表7所示。

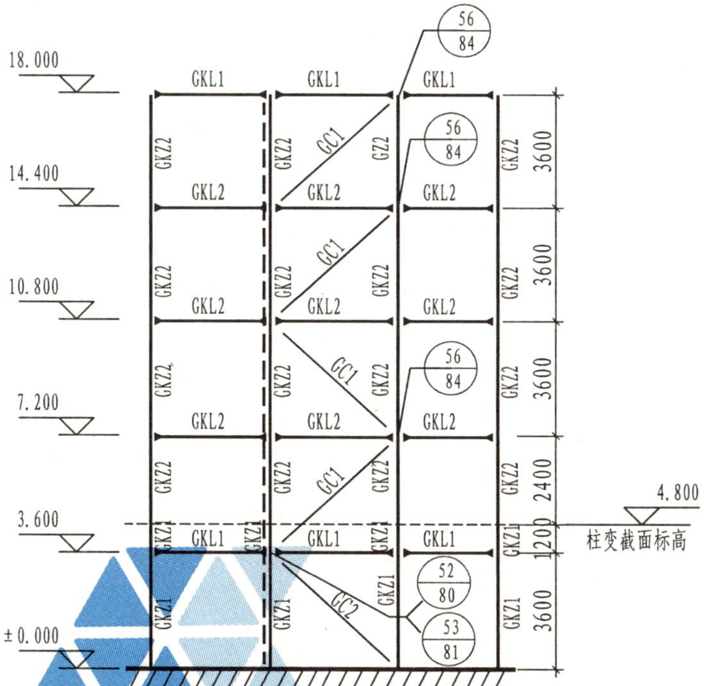

图8 某工程GKC1立面的布置图

表7 构件截面表

编号	截面尺寸 (mm) （高×宽×腹板厚×翼缘厚）	材质
GKL1	H400×300× 8×12	Q235-B
GKL2	H400×300×10×16	
GKZ1	H500×300×12×16	
GKZ2	H400×300×12×16	
GC1	H300×300×10×16	
GC2	H400×300×16×16(转)	

2.4 支撑节点参数法详图索引。立面图中支撑节点参数法详图索引见图9～图16。

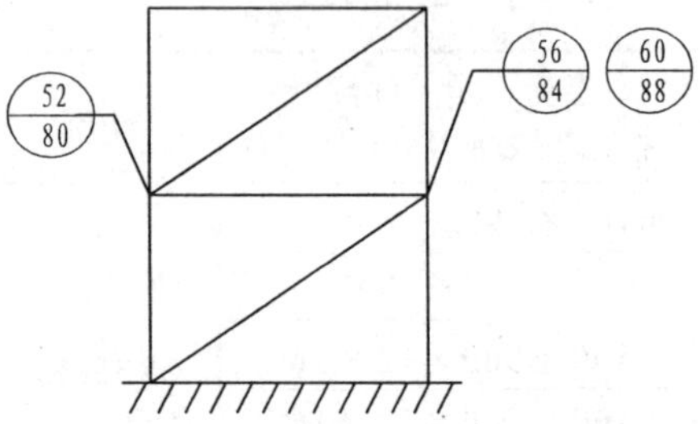

图9 H形柱强轴在框架平面内时节点参数法详图索引

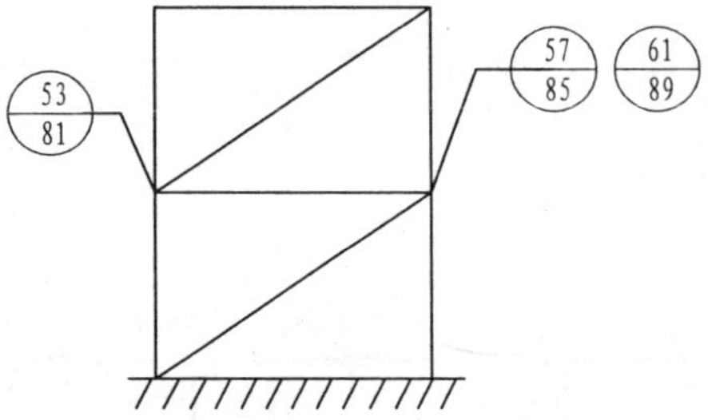

图10 H形柱强轴在框架平面内且支撑转轴时节点参数法详图索引

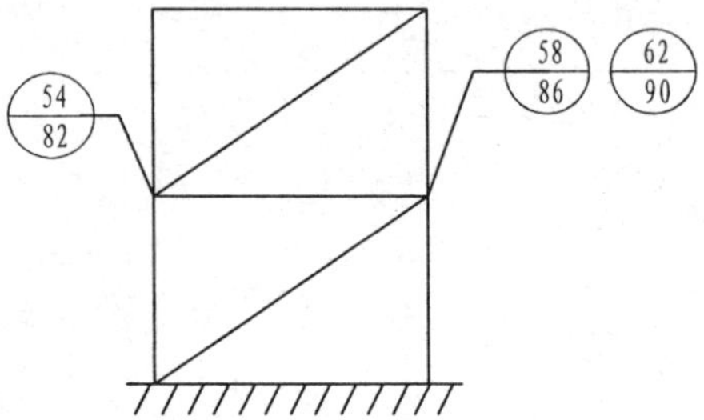

图11 H形柱强轴在框架平面外时节点参数法详图索引

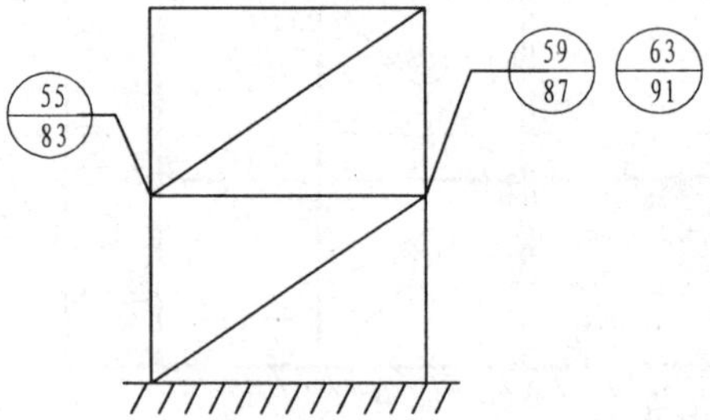

图12 H形柱强轴在框架平面外且支撑转轴时节点参数法详图索引

注：支撑转轴时宜设置隅撑以减小支撑在钢架平面内的计算长度。

立面布置图制图规则								图集号	08SG115-1
审核	申林	申林	校对	王浩	王浩	设计	王喆	王喆	页	22

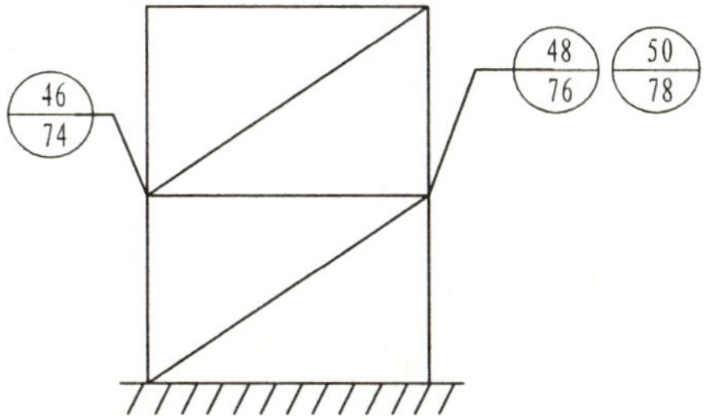

图13 箱形柱强轴在框架平面内时节点参数法详图索引

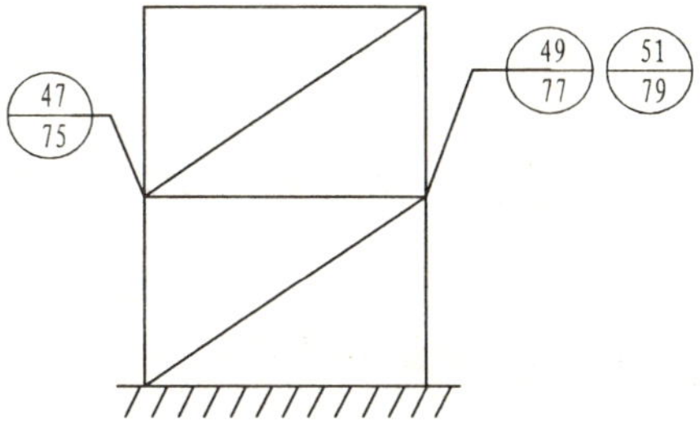

图14 箱形柱强轴在框架平面内且支撑转轴时节点参数法详图索引

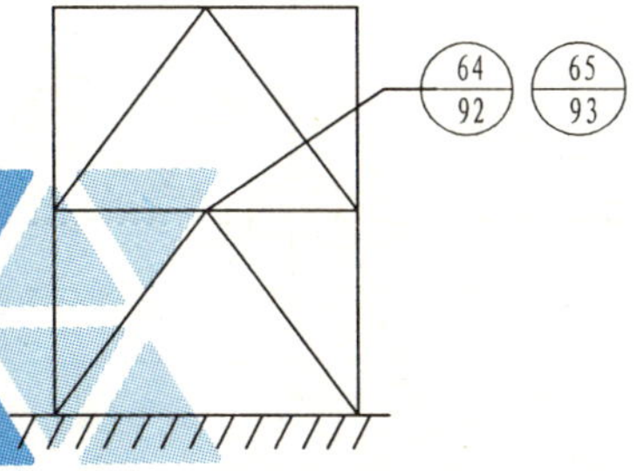

图15 与H形梁连接的人字形、V字形支撑节点节点参数法详图索引

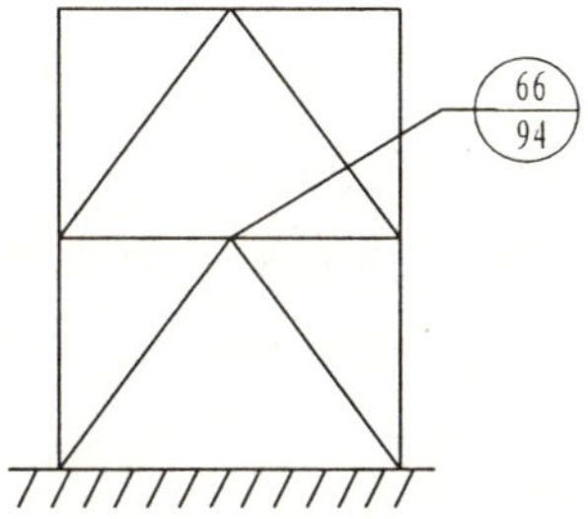

图16 与H形梁连接的人字形、V字形支撑（转轴）节点参数法详图索引

注：支撑转轴时宜设置隅撑以减小支撑在钢架平面内的计算长度。

立面布置图制图规则									图集号	08SG115-1
审核	申林	申林	校对	王浩	王浩	设计	王喆	王喆	页	23

3 应用举例

某工程为钢框架—支撑体系，地面以上15层，层高4m，位于抗震设防烈度8度（0.2g）的地震区。图17为其局部平面布置图，图18为带有支撑的GKC1立面布置图，表8为构件截面表。对与GKZ1相连的梁和支撑进行节点设计。

表8 钢构件截面表（mm）

构件编号	截面尺寸（高×宽×腹板厚×翼缘厚）	材 质
GKL1	H400×300×12×20	Q345B
GKL2	H500×300×14×20	
GKL3	H500×220×12×16	
GKZ1	□400×400×25×25	
GC1	H320×300×16×20	
GC2	H320×300×16×22	

对照提供的设计条件，我们可以按如下步骤完成节点设计：

（1）设计图阶段。本阶段的工作由设计单位完成，可以达到施工图设计的深度。针对本例题应做如下工作：

1）梁柱节点选用。梁柱节点可以采用1号节点， 4根梁与柱的汇交采用同一类节点。

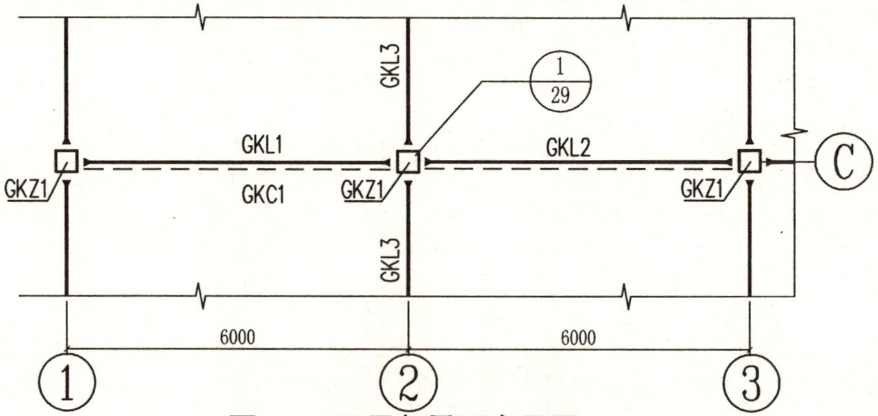

图17 3层局部平面布置图

（梁顶标高7.880m）

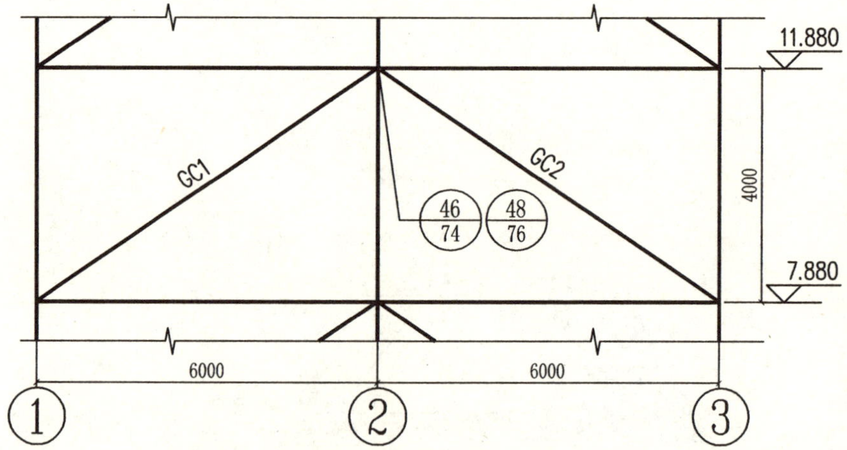

图18 局部立面布置图（GKC1）

（GC1、GC2与框架梁轴线投影重合）

2）支撑节点选用。支撑节点可以采用46号或48号节点，其中支撑节点的46号节点对应的是梁不加腋的情况，48号节点对应的是梁加腋的情况。如果在设计图纸中只选用46号节点，则遇到有加腋情况时，也应在钢结构加工详图阶段自动按48或50号节点处理。

只要将索引节点号注写在结构平面布置图和立面布置图中，就完成了设计阶段的施工图设计。图17与图18的注写内容就已经达到了施工图设计的深度。

（2）钢结构加工详图阶段。本阶段的工作由钢结构详图设计单位完成，根据设计图完成钢结构加工详图。针对本例题应做如下工作：

1）梁柱节点加工详图。本步骤按本图集第7页2.1的要求来设计。首先有了4个单一化的梁柱节点，根据平面布置图，与GZ1汇交的梁高有所不同，GKL1比其他梁的截面高度小100mm，因此根据梁柱节点的组合原则（本图集第8页2.1.2）及本图集第9页组合示意图6，应采用图6（c）加腋梁做法，并可以根据3号节点初步确定加腋长度为300mm。梁柱组合节点简图如图19。这时也可以确定节点板件的规格，包括几何尺寸、板厚和材质。如果没有支撑的存在，这时此节点加工详图就完成了。

2）支撑节点加工详图。本步骤按本图集第11页2.2的要求来设计。首先是每个支撑与上一步完成的梁柱节点结合在一起，按设计图要求为46和48号节点。如果设计图只引用了46号节点，则加腋梁应按相应的48或50号节点设计。形成两个单一化节点后，根据支撑节点组合原则（本图集第12页2.2.2）及本图集第13页组合示意图11，可以得到图20的组合结果简图，其中GKL1的加腋长度因支撑的影响调整为315mm。同时可以确定节点板件的规格，包括几何尺寸、板厚和材质。这时此节点的加工详图就全部完成了。

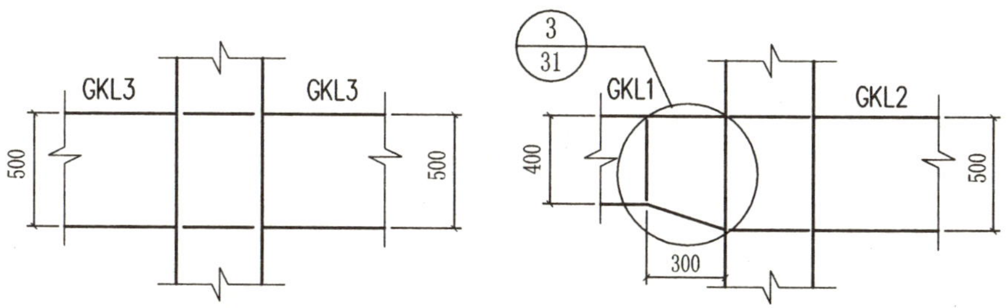

(a)2轴方向示意图　　(b)C轴方向示意图

图19　梁柱节点组合结果简图

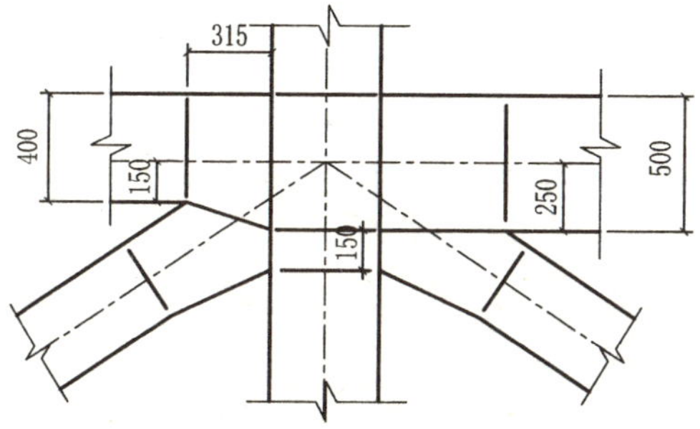

图20　C轴方向梁-柱-支撑节点组合结果简图

应用举例						图集号	08SG115-1
审核	申林	校对	王喆	设计	胡天兵	页	25

箱形柱-梁节点 (梁不变宽度) 1/29	箱形柱-梁节点 (梁变宽度) 2/30	箱形柱-梁节点 (梁端加腋) 3/31	箱形柱-梁斜交节点 (梁端加腋) 4/32	箱形柱-梁节点 (梁不变宽度) 5/33	箱形柱-梁节点 (梁变宽度) 6/34
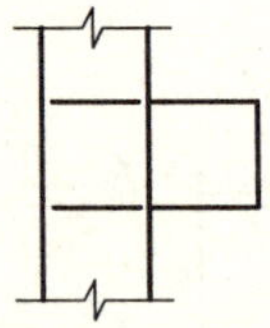	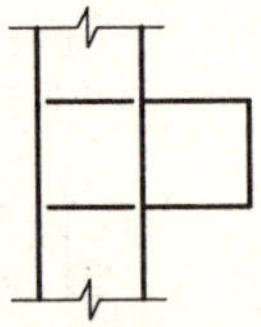	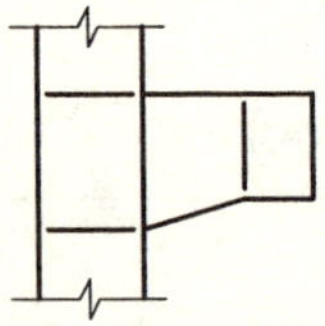	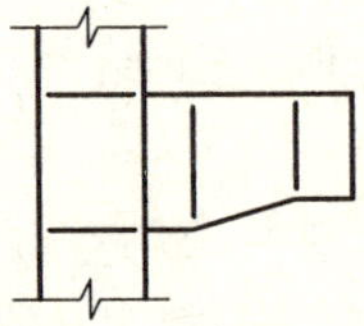	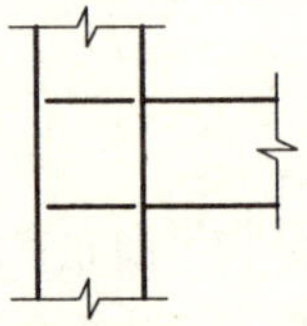	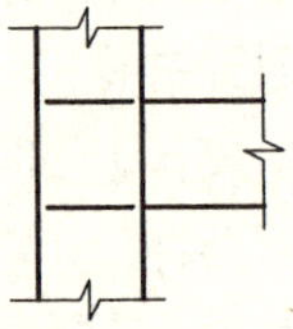
箱形柱-梁节点 (梁端加腋) 7/35	箱形柱-梁斜交节点 (梁端加腋) 8/36	箱形柱-梁节点 (梁不变宽度) 9/37	箱形柱-梁节点 (梁变宽度) 10/38	箱形柱-梁节点 (梁端加腋) 11/39	箱形柱-梁节点 (梁不变宽度) 12/40
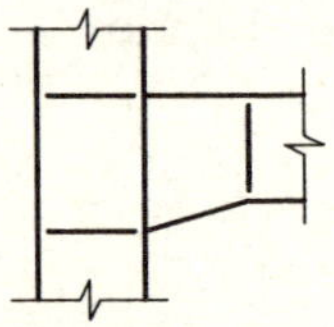	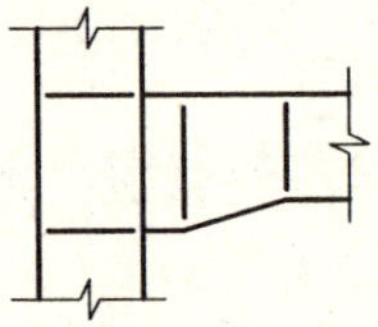	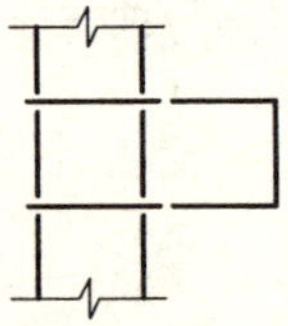	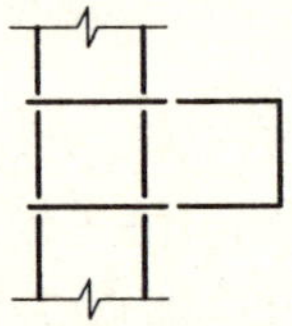	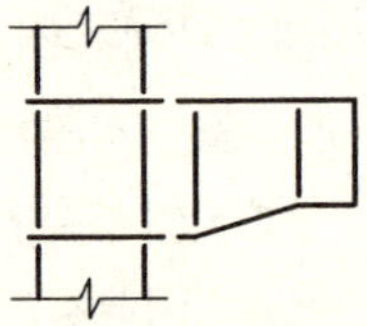	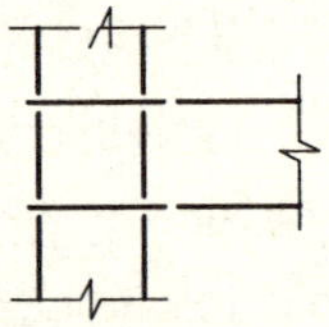
箱形柱-梁节点 (梁变宽度) 13/41	箱形柱-梁节点 (梁端加腋) 14/42	H形柱-梁节点 梁与柱翼缘相连 (梁不变宽度) 15/43	H形柱-梁节点 梁与柱翼缘相连 (梁变宽度) 16/44	H形柱-梁节点 梁与柱腹板相连 17/45	H形柱-梁节点 梁与柱翼缘相连 (梁端加腋) 18/46
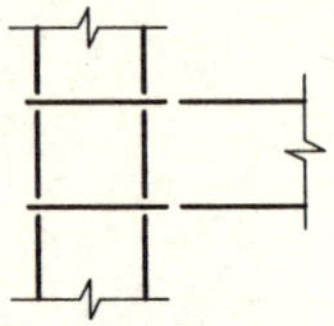	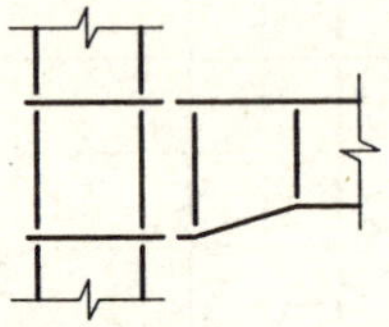	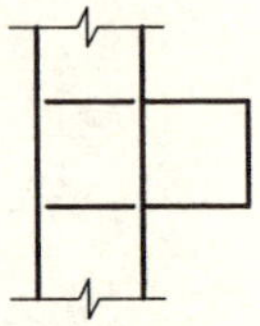	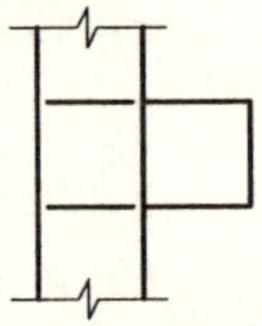	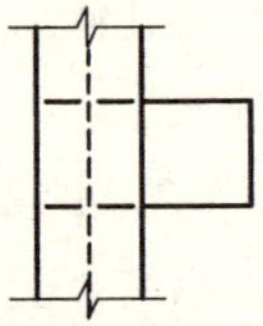	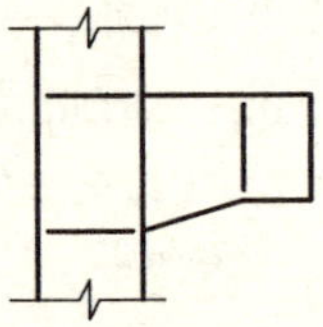
H形柱-梁节点 梁与柱腹板相连 (梁端加腋) 19/47	H形柱-梁节点 梁与柱腹板相连 (梁端加腋) 20/48	H形柱-梁节点 梁与柱翼缘相连 (梁不变宽度) 21/49	H形柱-梁节点 梁与柱翼缘相连 (梁变宽度) 22/50	H形柱-梁节点 梁与柱翼缘相连 (梁端加腋) 23/51	H形柱-梁节点 梁与柱翼缘相连 (梁不变宽度) 24/52
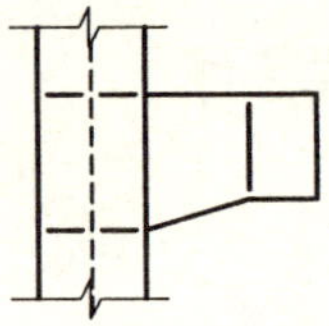	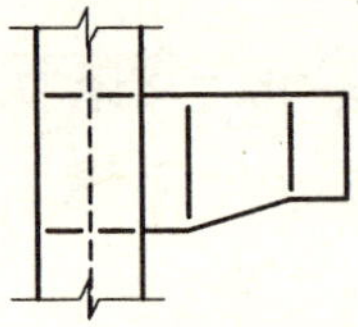	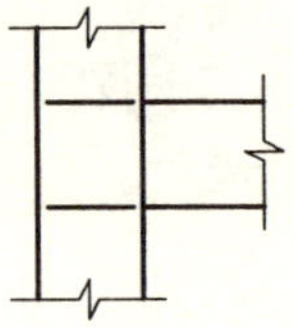	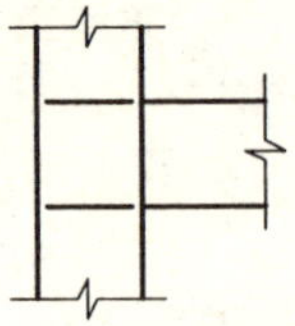	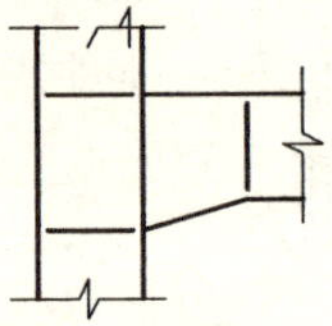	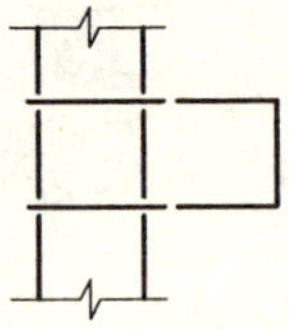

参数节点索引简图						图集号	08SG115-1
审核	申林	校对	刘岩	设计	胡天兵	页	26

H形柱-梁节点 梁与柱腹板相连	25/53	H形柱-梁节点 梁与柱翼缘相连 （梁端加腋）	26/54	H形柱-梁节点 梁与柱腹板相连 （梁端加腋）	27/55	H形柱-梁节点 梁与柱翼缘相连 （梁不变宽度）	28/56	H形柱-梁节点 梁与柱翼缘相连 （梁变宽度）	29/57	H形柱-梁节点 梁与柱翼缘相连 （梁端加腋）	30/58
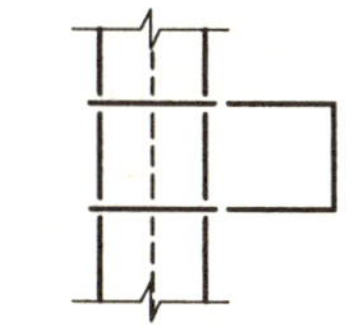		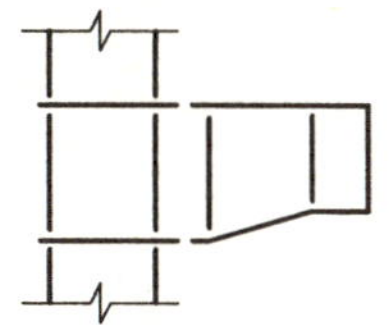		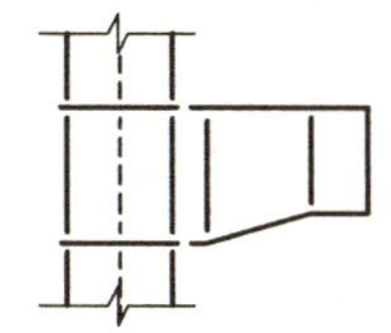		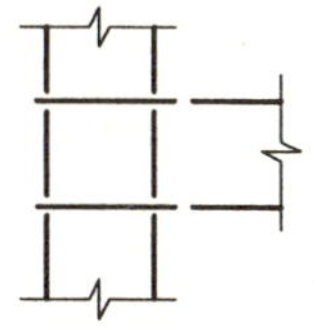		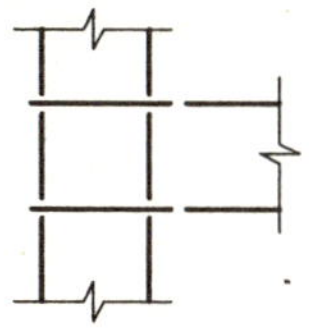		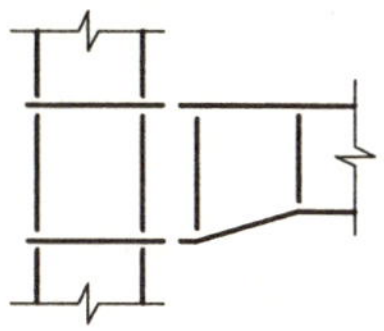	
箱形柱一侧变截面 （梁柱刚接）	31/59	箱形柱两侧变截面 （梁柱刚接）	32/60	箱形柱一侧变截面 （梁柱刚接）	33/61	箱形柱两侧变截面 （梁柱刚接）	34/62	箱形柱一侧变截面 （梁柱刚接）	35/63	箱形柱两侧变截面 （梁柱刚接）	36/64
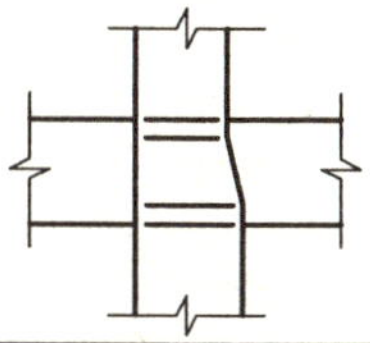		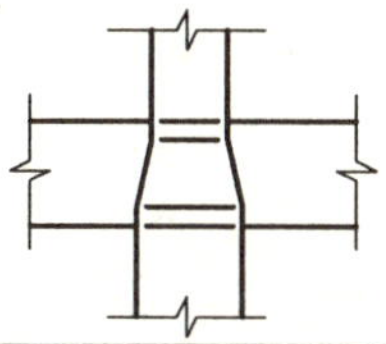		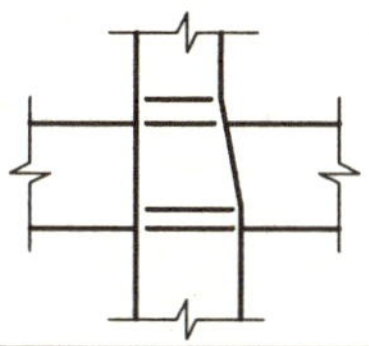		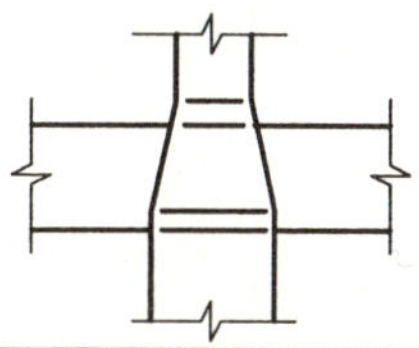		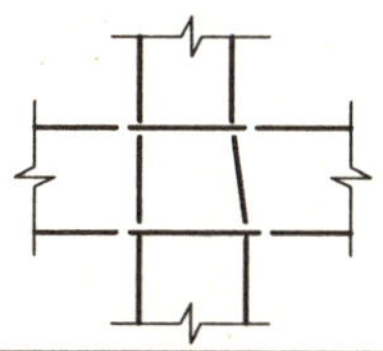		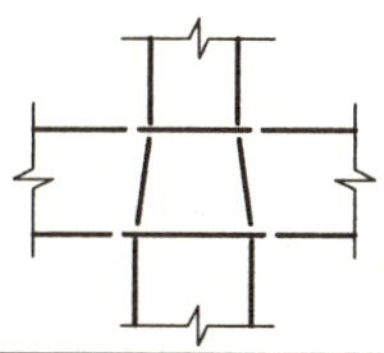	
H形柱腹板一侧变高度 （梁与柱翼缘刚接）	37/65	H形柱腹板两侧变高度 （梁与柱翼缘刚接）	38/66	H形柱腹板一侧变高度 （梁与柱翼缘刚接）	39/67	H形柱腹板两侧变高度 （梁与柱翼缘刚接）	40/68	H形柱翼缘两侧变宽度 （梁与柱腹板刚接）	41/69	H形柱翼缘两侧变宽度 （梁与柱腹板刚接）	42/70
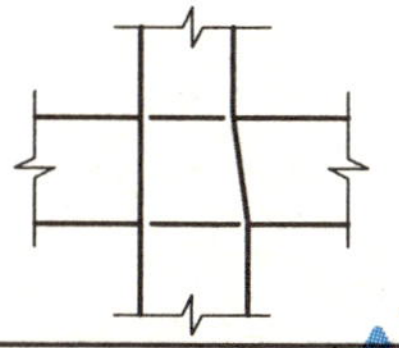		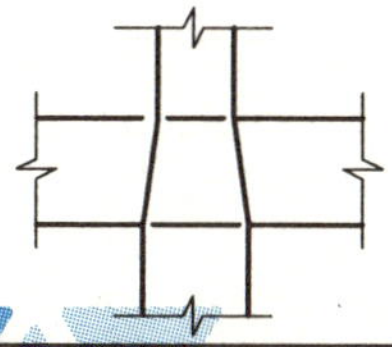		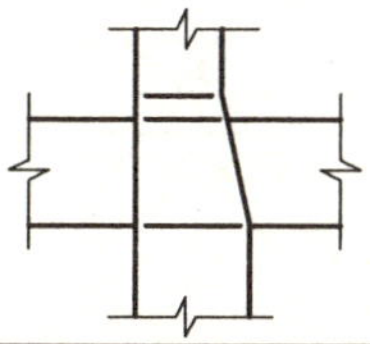		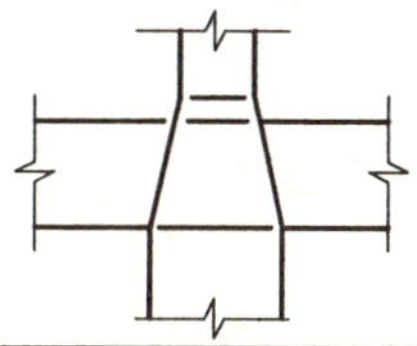		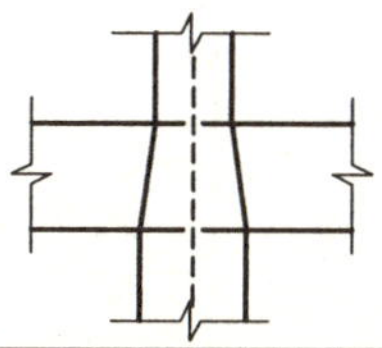		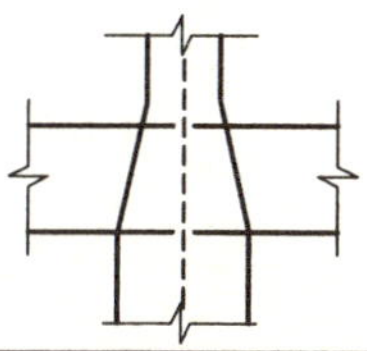	
H形柱腹板一侧变高度 （梁与柱翼缘刚接）	43/71	H形柱腹板两侧变高度 （梁与柱翼缘刚接）	44/72	H形柱翼缘两侧变宽度 （梁与柱腹板刚接）	45/73	支撑节点 箱形柱	46/74	支撑节点 箱形柱 支撑转轴	47/75	支撑节点 箱形柱	48/76
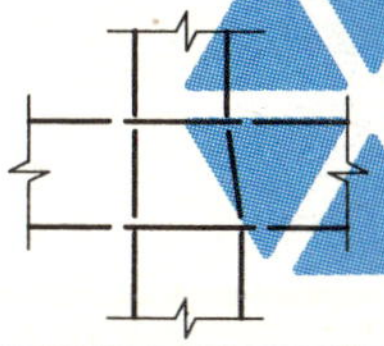		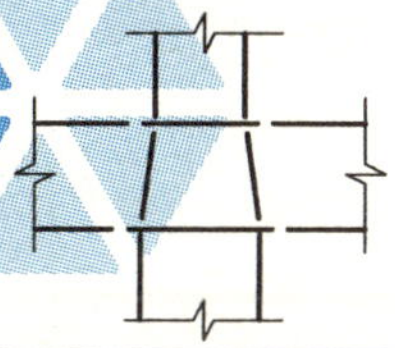		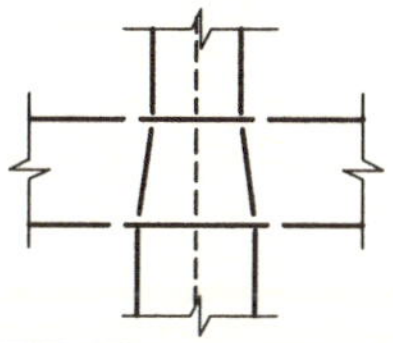		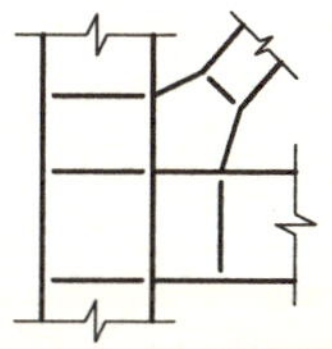		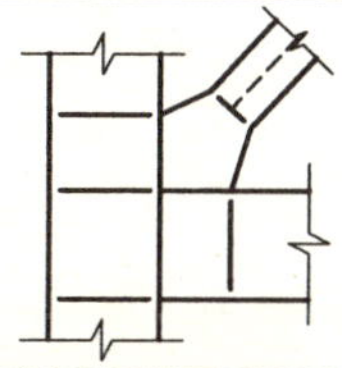		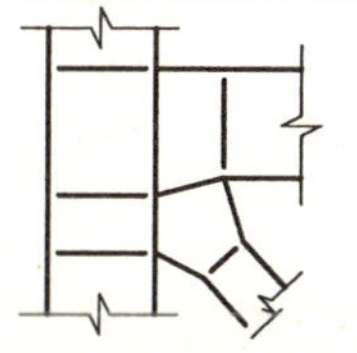	

参数节点索引简图

图集号	08SG115-1								
审核	申林	申林	校对	刘岩	刘岩	设计	胡天兵	胡天兵	页 27

- 支撑节点 箱形柱 支撑转轴 (49/77)

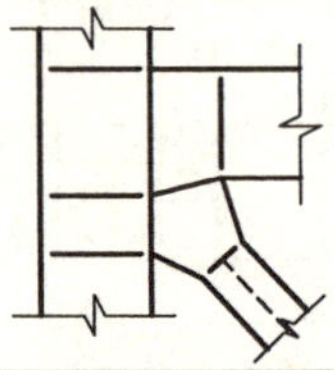

- 支撑节点 箱形柱 (50/78)

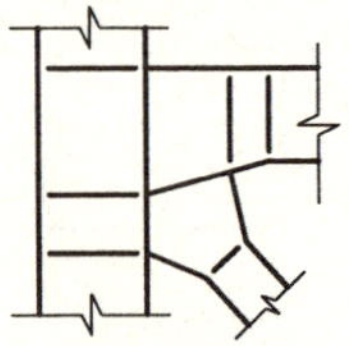

- 支撑节点 箱形柱 支撑转轴 (51/79)

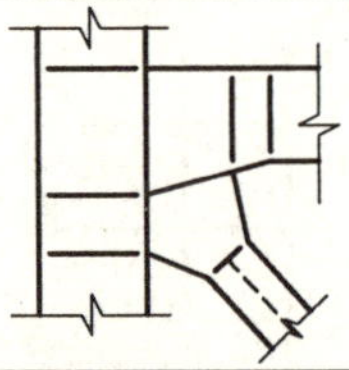

- 支撑节点 与H形柱翼缘相连 (52/80)

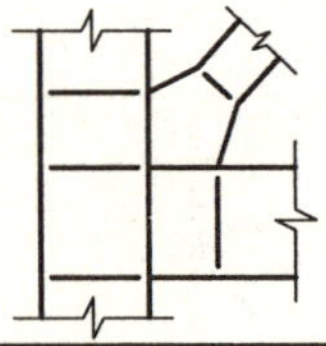

- 支撑节点 与H形柱翼缘相连 支撑转轴 (53/81)

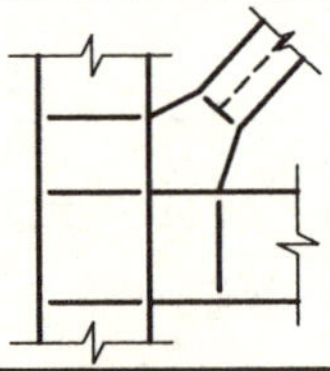

- 支撑节点 与H形柱腹板相连 (54/82)

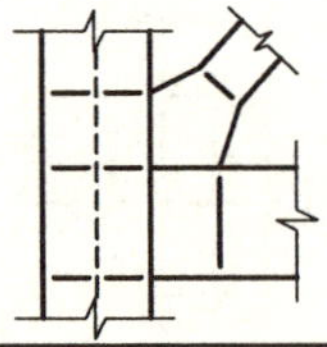

- 支撑节点 与H形柱腹板相连 支撑转轴 (55/83)

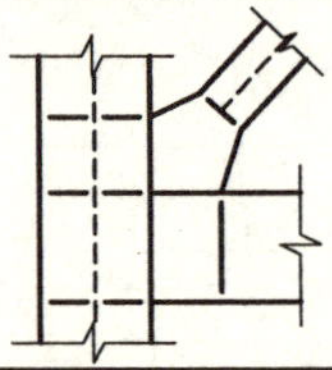

- 支撑节点 与H形柱翼缘相连 (56/84)

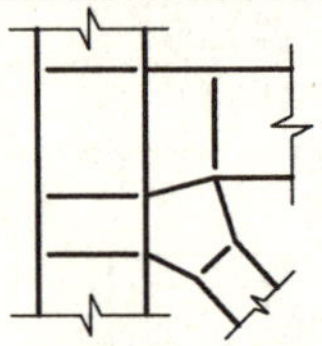

- 支撑节点 与H形柱翼缘相连 支撑转轴 (57/85)

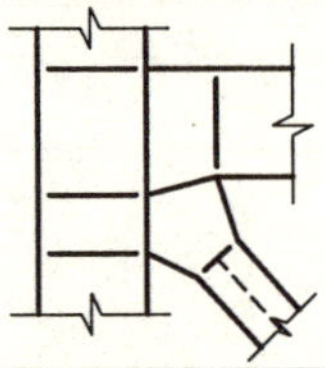

- 支撑节点 与H形柱腹板相连 (58/86)

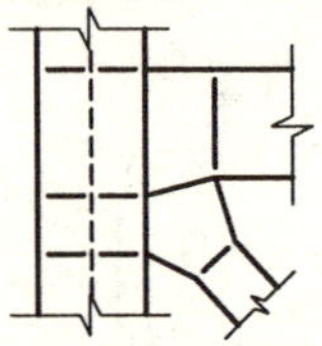

- 支撑节点 与H形柱腹板相连 支撑转轴 (59/87)

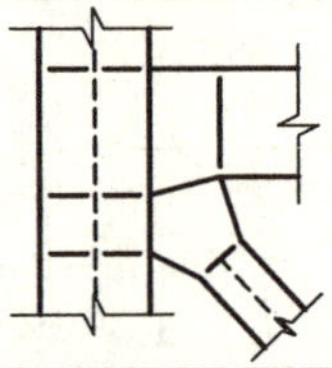

- 支撑节点 与H形柱翼缘相连 (60/88)

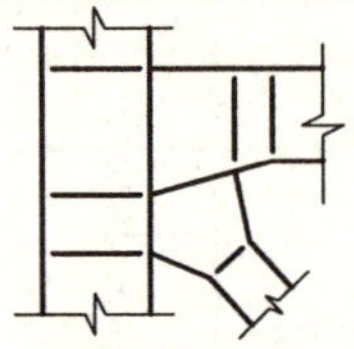

- 支撑节点 与H形柱翼缘相连 支撑转轴 (61/89)

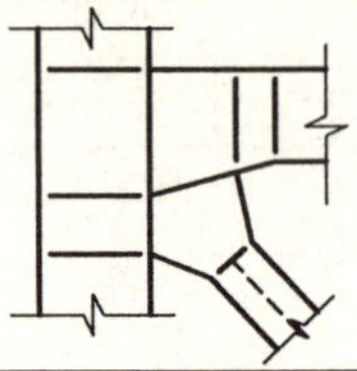

- 支撑节点 与H形柱腹板相连 (62/90)

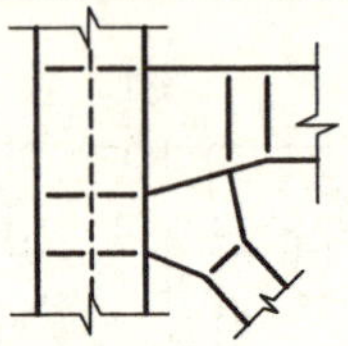

- 支撑节点 与H形柱腹板相连 支撑转轴 (63/91)

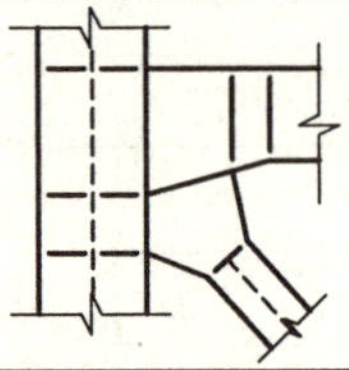

- 支撑节点 与H形梁相连的 人字形、V字形支撑 (64/92)

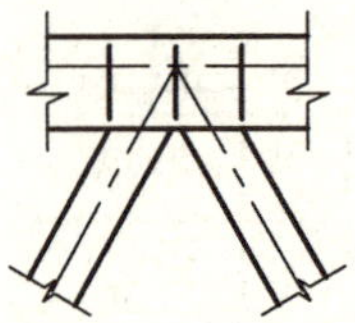

- 支撑节点 与H形梁相连的 人字形、V字形支撑 (65/93)

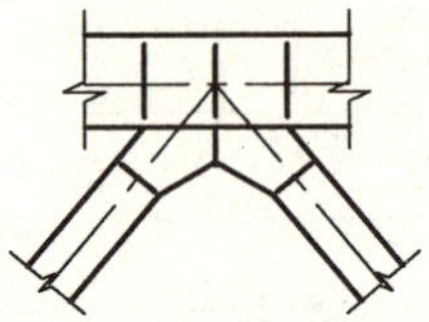

- 支撑节点 与H形梁相连的人字形、V字形支撑，转轴 (66/94)

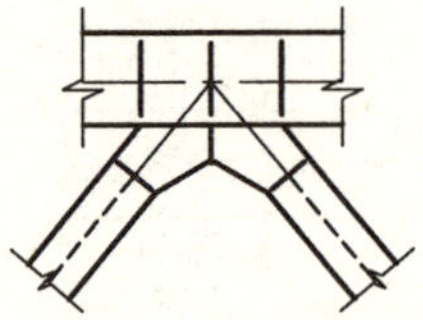

适用范围：1. 多高层钢结构、钢-混凝土混合结构中的钢框架；
2. 抗震设防地区及非抗震设防地区。

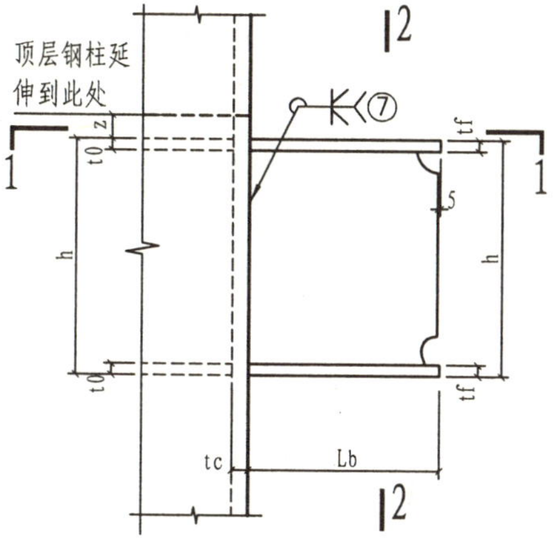

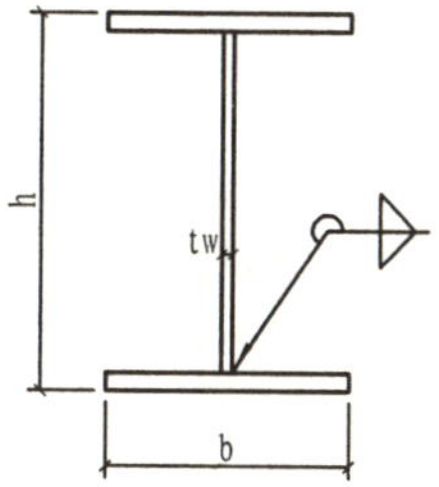

2-2

节点参数表

参数名称	参数取值(mm) 限制值［参考值］
h	同梁截面高度
b	同梁翼缘宽度
Lb	梁段连接长度: ⩾max(300, xx, h) [max(300, xx, h)] xx—腹板拼接板长度/2+35
z	⩾max(30, 1.5tc)［60］

节点钢板厚度表

板厚符号	板厚取值(mm)	材质要求
tf	同梁翼缘厚度	与梁相同
tw	同梁腹板厚度	与梁相同
t0	柱加劲隔板厚度: 取各方向tf的最大值。	与梁相同
tc	柱截面壁厚: tc<t0时，在梁上下各500范围内取tc=t0。	与柱相同

1 未标注焊缝为7号焊缝

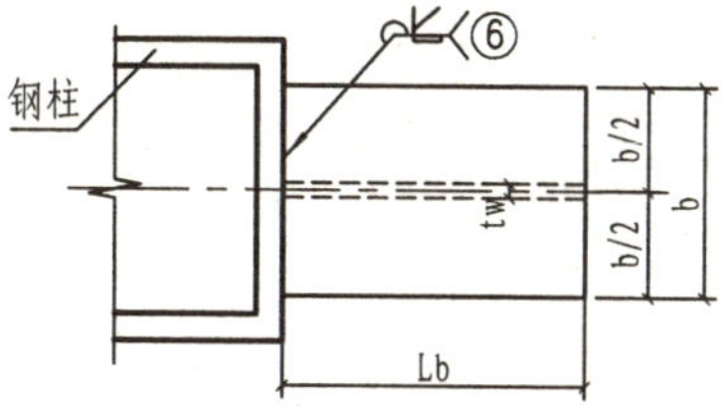

1-1

箱形柱-梁节点							图集号	08SG115-1
审核	申林	申林	校对	刘岩	刘岩	设计	王浩	王浩	页	29

适用范围： 1. 多高层钢结构、钢-混凝土混合结构中的钢框架；
2. 抗震设防地区及非抗震设防地区。

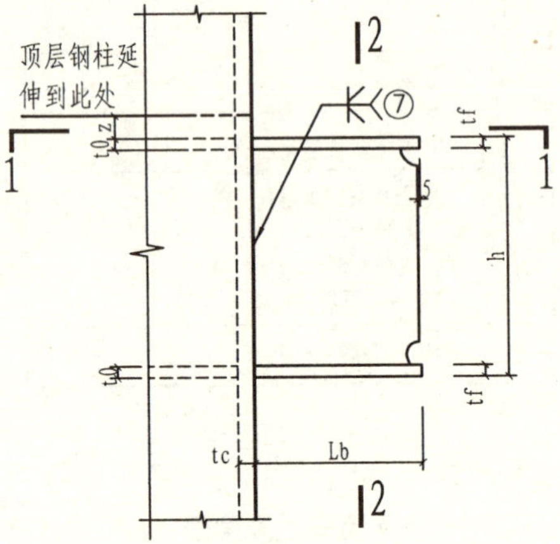

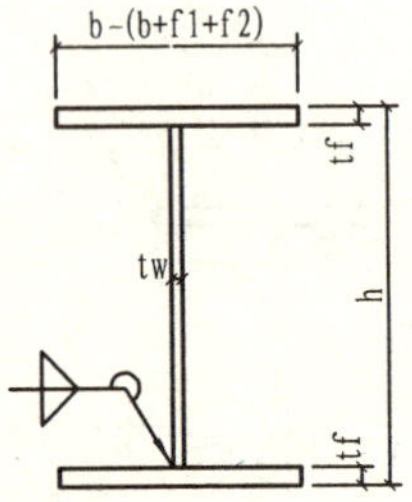

2-2

②

未标注焊缝为7号焊缝

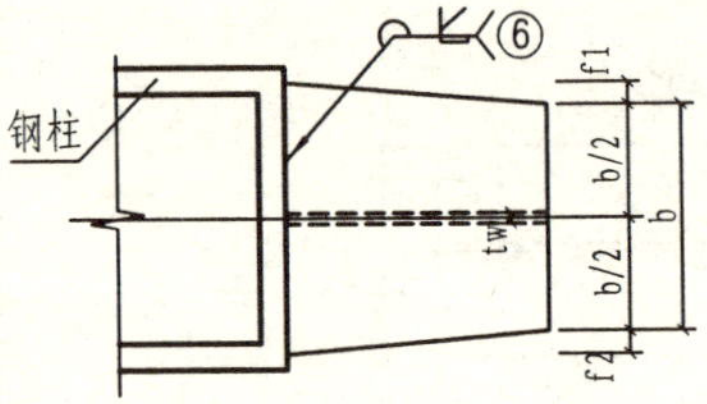

1-1

节点参数表

参数名称	参数取值(mm) 限制值 [参考值]
h	同梁截面高度
b	同梁翼缘宽度
f1、f2	由梁柱定位关系确定， f1+f2宜取0.2b-0.3b
Lb	梁段连接长度： ≥max(300, xx, h) [max(300, xx, h)] xx—腹板拼接板长度/2+35
z	≥max(30, 1.5tc) [60]

节点钢板厚度表

板厚符号	板厚取值(mm)	材质要求
tf	同梁翼缘厚度	与梁相同
tw	同梁腹板厚度	与梁相同
t0	柱加劲隔板厚度： 取各方向tf的最大值。	与梁相同
tc	柱截面壁厚： tc<t0时，在梁上下各500范围内取tc=t0。	与柱相同

箱形柱-梁节点							图集号	08SG115-1
审核	申林	申林	校对	刘岩	刘岩	设计	王浩	王浩	页	30

适用范围：1. 多高层钢结构、钢-混凝土混合结构中的钢框架；
2. 抗震设防地区及非抗震设防地区；
3. 梁端需加腋时适用。

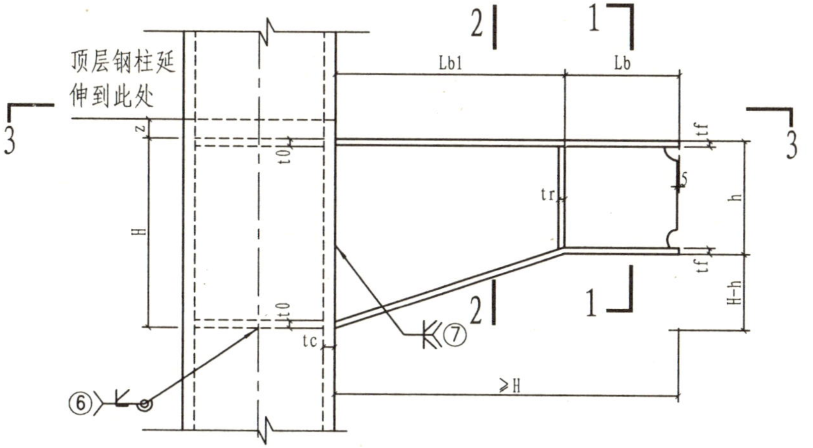

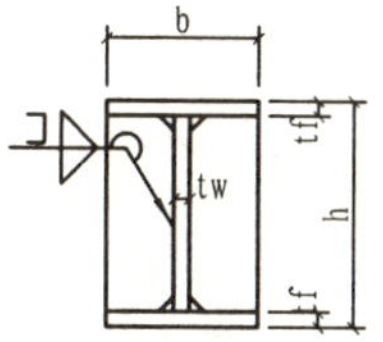

1-1

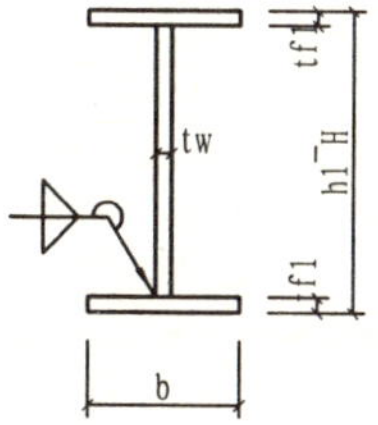

2-2

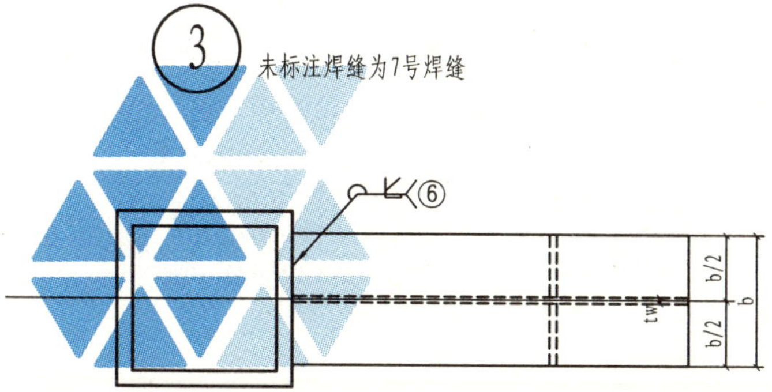

3-3

节点参数表

参数名称	参数取值(mm) 限制值［参考值］
H	汇交梁最大梁截面高度
h	同梁截面高度
b	同梁翼缘宽度
Lb	梁段连接长度： ≥max(150, xx) ［max(150, xx)］ xx—腹板拼接板长度/2+35
Lb1	楔形梁段长度： ≥max(3(H-h), 150) ［max(3(H-h), 150)］
z	≥max(30, 1.5tc) ［60］

节点钢板厚度表

板厚符号	板厚取值(mm)	材质要求
tf	同梁翼缘厚度	与梁相同
tw	同梁腹板厚度	与梁相同
t0	柱加劲隔板厚度： 取各方向tf的最大值。	与梁相同
tr	max(0.4tf, b/30)	与梁相同
tc	柱截面壁厚： tc<t0时，在梁上下各500范围内取tc=t0。	与柱相同

箱形柱-梁节点

图集号	08SG115-1
审核 申林 [签名] 校对 刘岩 [签名] 设计 王浩 [签名]	页 31

适用范围：1. 多高层钢结构、钢-混凝土混合结构中的钢框架；
2. 抗震设防地区及非抗震设防地区；
3. 一般用于梁与柱斜面汇交且梁端加腋。

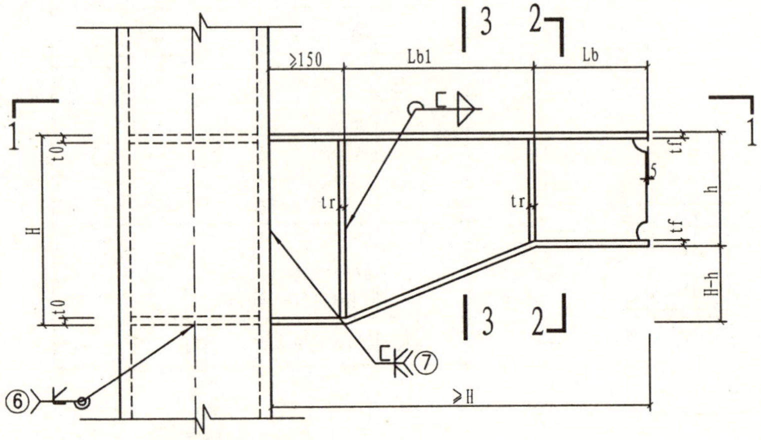

4 未标注焊缝为7号焊缝

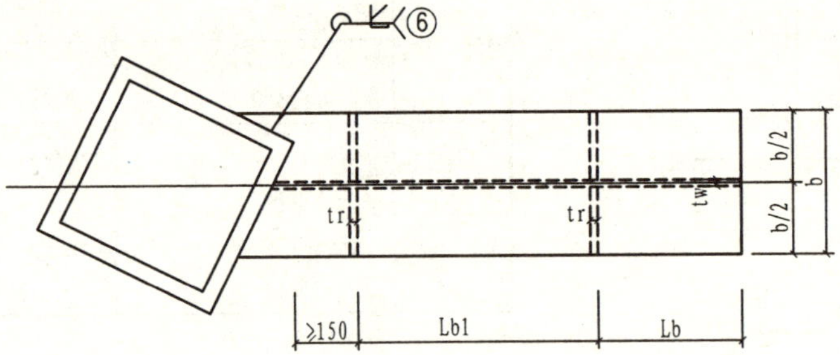

1-1

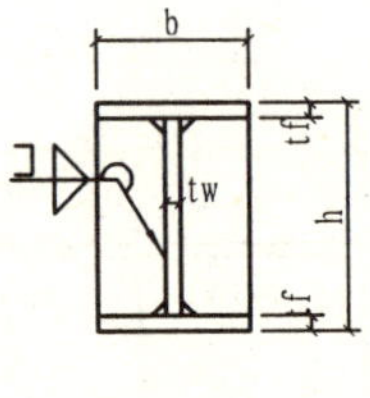

2-2

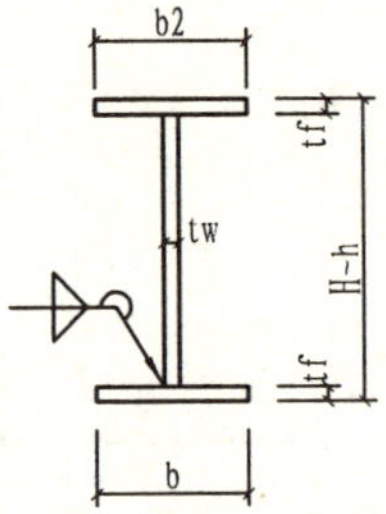

3-3

节点参数表

参数名称	参数取值(mm) 限制值 [参考值]
H	汇交梁最大梁截面高度
h	梁截面高度
b	同梁段翼缘宽度
Lb	梁段连接长度； 腹板拼接板长度/2+35 [腹板拼接板长度/2+35]
Lb1	楔形梁段长度； ≥max(3(H-h),150) [max(3(H-h),150)]

节点钢板厚度表

板厚符号	板厚取值(mm)	材质要求
tf	同梁翼缘厚度	与梁相同
tw	同梁腹板厚度	与梁相同
t0	柱加劲隔板厚度： 取各方向tf的最大值。	与梁相同
tr	max(0.4tf, b/30)	与梁相同
tc	柱截面壁厚： tc<t0时，在梁上下各500范围内取tc=t0。	与柱相同

适用范围：1.多层钢结构、钢-混凝土混合结构中的钢框架，当梁柱连接焊接工艺及构造措施有可靠保障时，也可用于高层钢结构；
2.地震设防烈度不宜高于7度地震区。

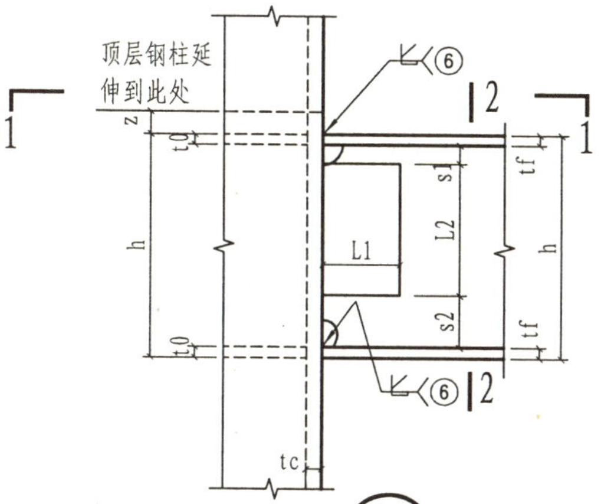

5

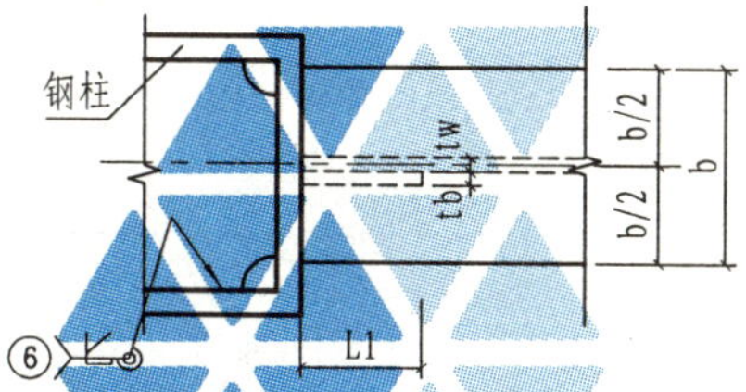

1-1

节点钢板厚度表

板厚符号	板厚取值(mm)	材质要求
t0	柱加劲隔板厚度： 取各方向tf的最大值	与梁相同
tc	柱截面壁厚： tc<t0时，在梁上下各500范围内取tc=t0	与柱相同
tb	腹板连接板厚度： 单剪时，tb≥tw，宜取1.2tw； 双剪时，tb≥0.7tw	与梁相同

节点参数表

参数名称	参数取值(mm) 限制值［参考值］
h	梁截面高度
b	梁翼缘宽度
L1	腹板连接板长度
L2	腹板连接板高度
z	≥max(30,1.5tc)［60］
tf	梁翼缘厚度
tw	梁腹板厚度
s1	30～50
s2	50～70

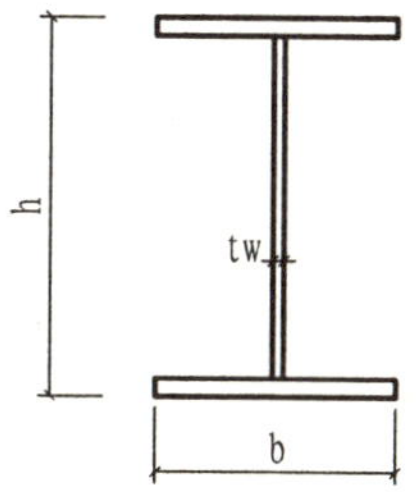

2-2

注：1.腹板连接板选用形式及与柱的连接方式详见节点 A~D/102；
2.节点图中梁、柱平面定位关系由平面布置图确定。

箱形柱-梁节点						图集号	08SG115-1
审核	申林	校对	刘岩	设计	王喆	页	33

适用范围：1.多层钢结构、钢-混凝土混合结构中的钢框架，当梁柱连接焊接工艺及构造措施有可靠保障时，也可用于高层钢结构；
2.地震设防烈度不宜高于7度地震区。

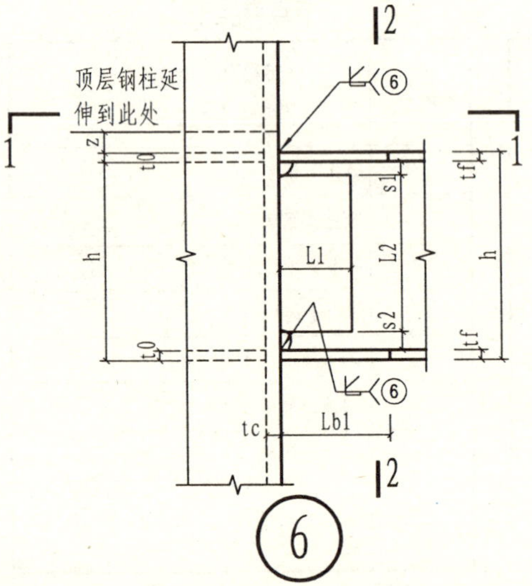

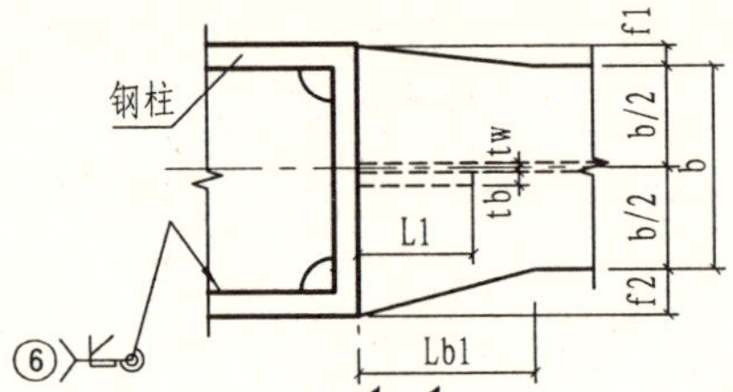

1-1

节点钢板厚度表

板厚符号	板厚取值(mm)	材质要求
t0	柱加劲隔板厚度： 取各方向tf的最大值	与梁相同
tc	柱截面壁厚： tc<t0时，在梁上下各500范围内取tc=t0	与柱相同
tb	腹板连接板厚度： 单剪时，tb≥tw，宜取1.2tw； 双剪时，tb≥0.7tw	与梁相同

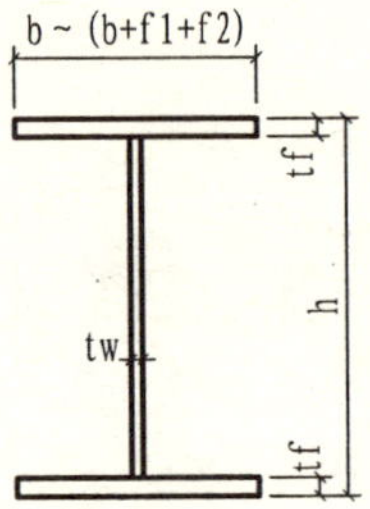

2-2

节点参数表

参数名称	参数取值(mm) 限制值［参考值］
h	梁截面高度
b	梁翼缘宽度
tf	梁翼缘厚度
tw	梁腹板厚度
L1	腹板连接板长度
L2	腹板连接板高度
s1	30~50
s2	50~70
f1、f2	由梁柱定位关系确定， f1+f2宜取0.2b~0.3b
Lb1	翼缘宽度变化段长度 Lb≥4×max(f1,f2) [4×max(f1,f2))]
z	≥max(30,1.5tc) [60]

注：1.腹板连接板选用形式及与柱的连接方式详见节点 (A~D/102)；
2.节点图中梁、柱平面定位关系由平面布置图确定。

箱形柱-梁节点							图集号	08SG115-1
审核	申林	申林	校对	刘岩	刘岩	设计	王喆	王喆	页	34

适用范围：1.多层钢结构、钢-混凝土混合结构中的钢框架，当梁柱连接焊接工艺及构造措施有可靠保障时，也可用于高层钢结构；
2.地震设防烈度不宜高于7度地震区；
3.梁端需要加腋时适用。

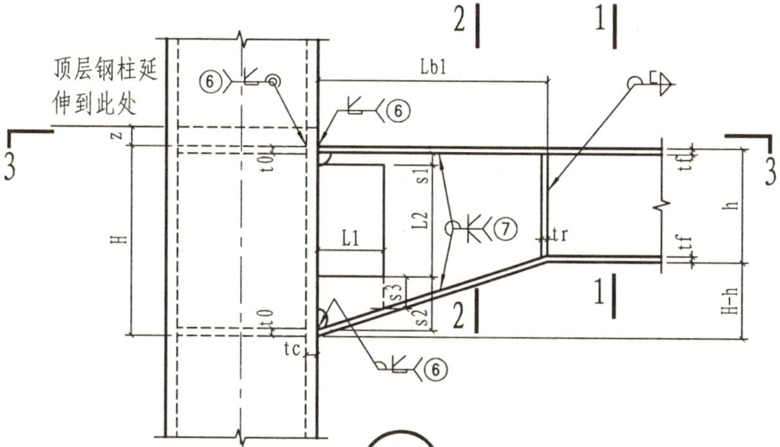

⑦ 节点区未标注焊缝为7号焊缝

节点钢板厚度表

板厚符号	板厚取值(mm)	材质要求
t0	柱加劲隔板厚度：取各方向tf的最大值	与梁相同
tc	柱截面壁厚：当tc<t0时，在梁上下各500范围内取tc=t0	与柱相同
tb	腹板连接板厚度：单剪时，tb⩾tw，宜取1.2tw；双剪时，tb⩾0.7tw	与梁相同
tr	⩾max(0.4tf,b/30)	与梁相同

节点参数表

参数名称	参数取值(mm) 限制值[参考值]
H	汇交梁最大梁截面高度
h	梁截面高度
b	梁翼缘宽度
tf	梁翼缘厚度
tw	梁腹板厚度
L1	腹板连接板长度
L2	腹板连接板高度
s1	30～50
s2	50～70
s3	⩾15[15]
Lb1	梁端加腋范围：Lb1⩾max(3(H-h),300,L1+35+tr) [max(3(H-h),300),L1+35+tr]
z	⩾max(30,,1.5tc) [60]

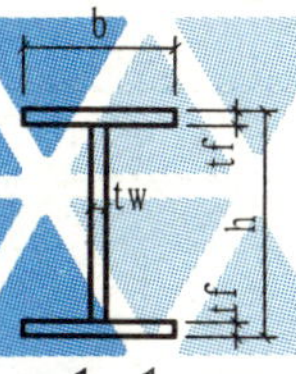

1-1

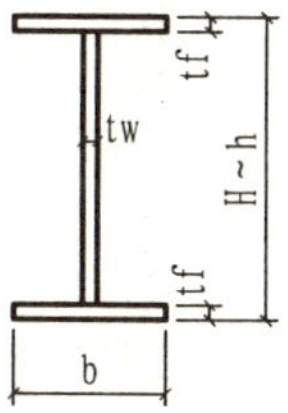

2-2

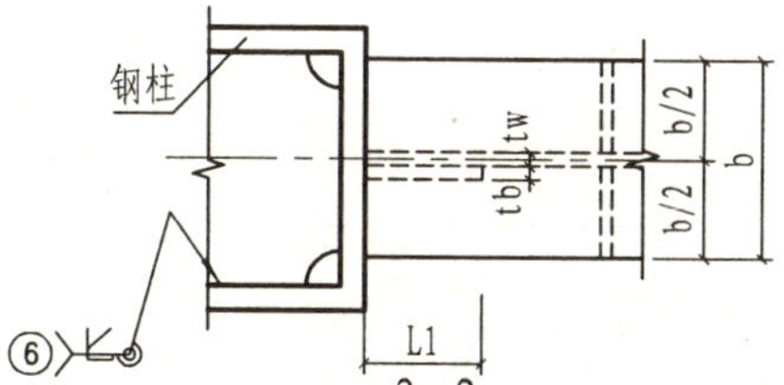

3-3

注：1.腹板连接板选用形式及与柱的连接方式详见节点 $\frac{A\sim D}{102}$；
2.节点图中梁、柱平面定位关系由平面布置图确定。

箱形柱-梁节点							图集号	08SG115-1
审核	申林	申林	校对	刘岩	刘岩	设计 王喆 王喆	页	35

适用范围：1.多层钢结构、钢-混凝土混合结构中的钢框架，当梁柱连接焊接工艺及构造措施有可靠保障时，也可用于高层钢结构；
2.地震设防烈度不宜高于7度地震区；
3.一般用于梁与柱斜向汇交且梁端加腋。

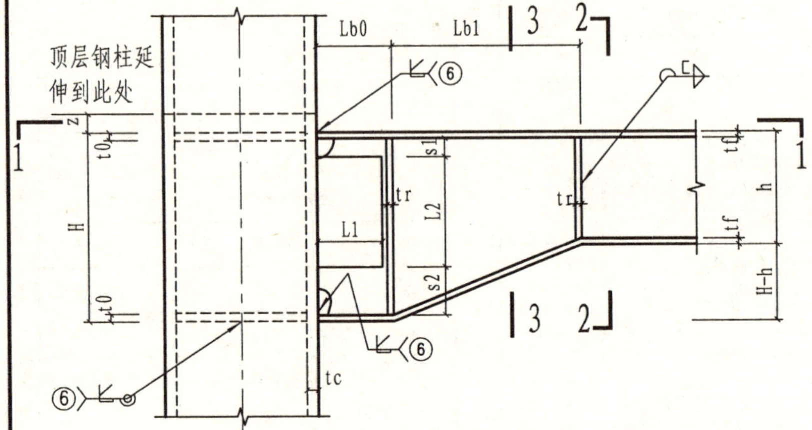

8 节点区未标注焊缝为7号焊缝

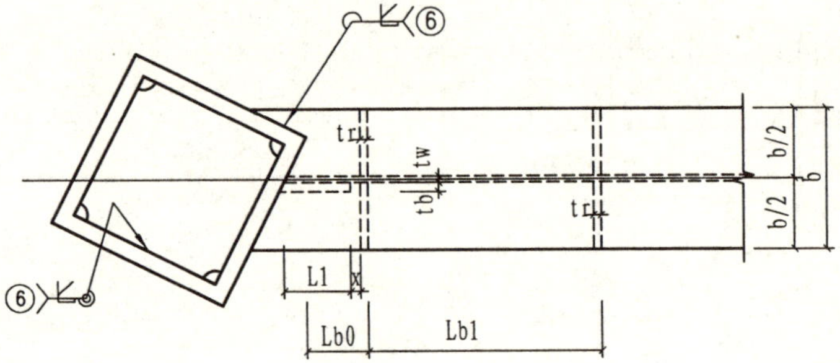

1-1

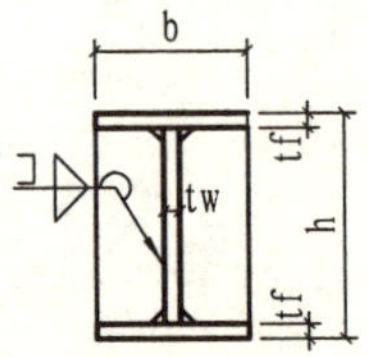

2-2

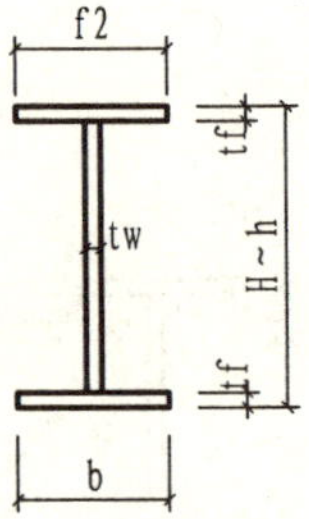

3-3

节点钢板厚度表

板厚符号	板厚取值(mm)	材质要求
t0	柱加劲隔板厚度：取各方向tf的最大值	与梁相同
tc	柱截面壁厚：当tc<t0时，在梁上下各500范围内取tc=t0	与柱相同
tr	≥max(0.4tf, b/30)	与梁相同
tb	腹板连接板厚度：单剪时，tb≥tw，宜取1.2tw；双剪时，tb≥0.7tw	与梁相同

节点参数表

参数名称	参数取值(mm) 限制值[参考值]
H	汇交梁最大梁高
h	梁截面高度
b	梁翼缘宽度
tf	梁翼缘厚度
tw	梁腹板厚度
L1	腹板连接板长度
L2	腹板连接板高度
Lb0	≥max(150, L1+tr+35)
Lb1	楔形梁段长度：≥max(3(H-h), 150) [max(3(H-h), 150)]
s1	30～50
s2	50～70
x	≥50
z	≥max(30, 1.5tc) [60]

注：1.腹板连接板选用形式及与柱的连接方式详见节点 (A~D/102)；
2.节点图中梁、柱平面定位关系由平面布置图确定。

箱形柱-梁节点						图集号	08SG115-1
审核	申林	校对	刘岩	设计	王喆	页	36

适用范围：1. 多高层钢结构、钢-混凝土混合结构中的钢框架；
2. 抗震设防地区及非抗震设防地区。

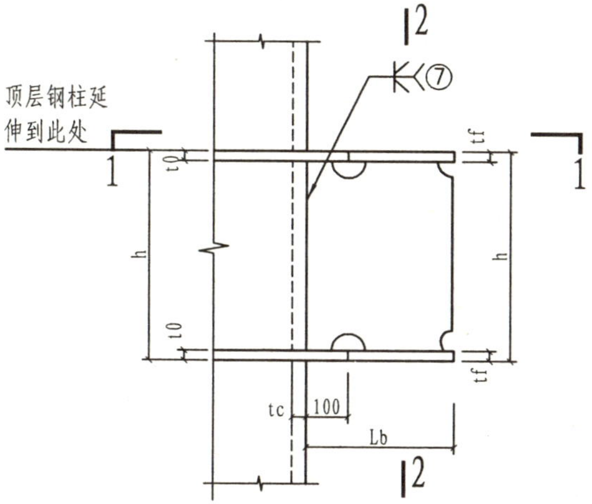

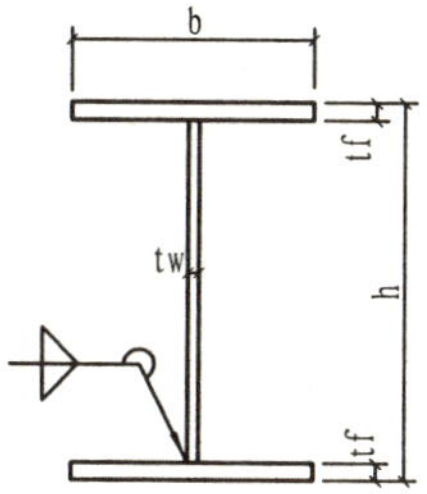

2-2

9 未标注焊缝为7号焊缝

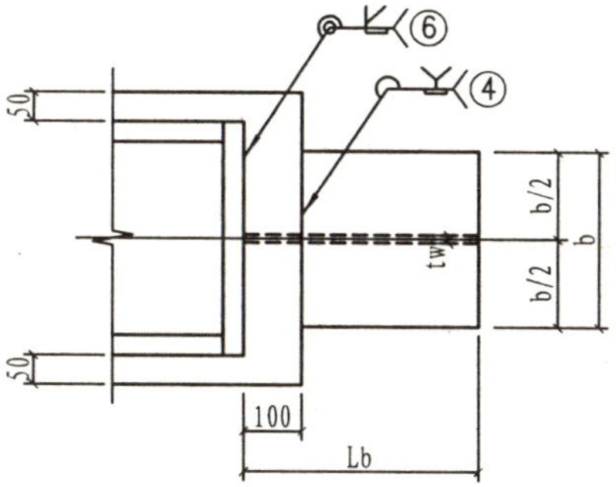

1-1

节点参数表

参数名称	参数取值(mm) 限制值［参考值］
h	梁截面高度
b	梁段翼缘宽度
Lb	梁段连接长度: ≥max(300, xx, h) [max(300, xx, h)] xx—腹板拼接板长度/2+35

节点钢板厚度表

板厚符号	板厚取值(mm)	材质要求
tf	梁翼缘厚度+2	与梁相同
tw	同梁腹板厚度	与梁相同
t0	柱贯通隔板厚度: 取各方向tf的最大值，且t0≥tc	与梁相同
tc	柱截面壁厚	与柱相同

箱形柱-梁节点								图集号	08SG115-1
审核	申林	申林	校对	刘岩	刘岩	设计	王浩	王浩	页	37

适用范围：1. 多高层钢结构、钢-混凝土混合结构中的钢框架；
2. 抗震设防地区及非抗震设防地区。

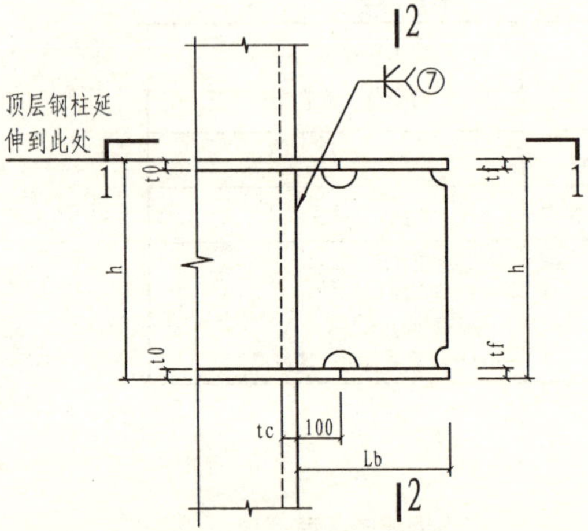

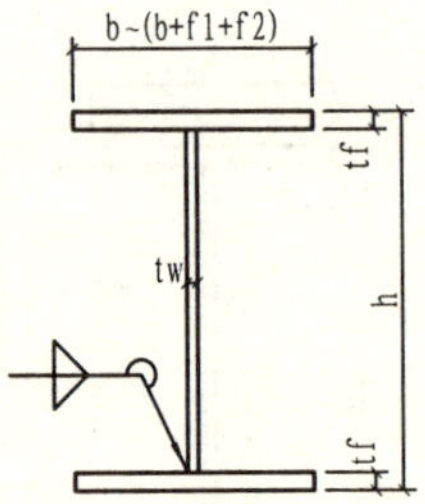

2-2

(10) 未标注焊缝为7号焊缝

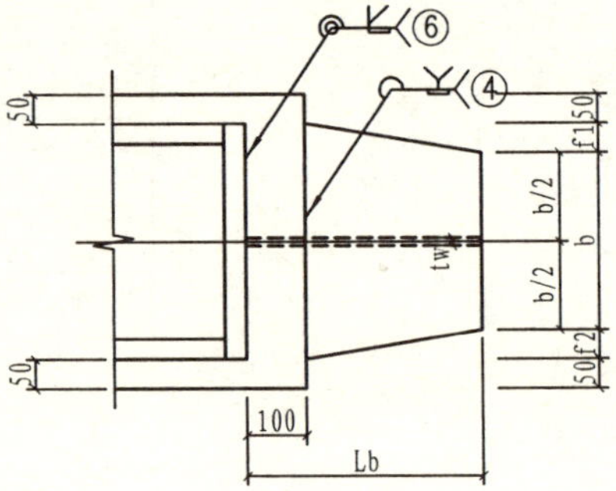

1-1

节点参数表

参数名称	参数取值(mm) 限制值［参考值］
h	梁截面高度
b	梁段翼缘宽度
f1、f2	由梁柱定位关系确定
Lb	梁段连接长度: ≥max(300, xx, h) ［max(300, xx, h)］ xx—腹板拼接板长度/2+35

节点钢板厚度表

板厚符号	板厚取值(mm)	材质要求
tf	梁翼缘厚度+2	与梁相同
tw	同梁腹板厚度	与梁相同
t0	柱贯通隔板厚度: 取各方向tf的最大值，且t0≥tc	与梁相同
tc	柱截面壁厚	与柱相同

适用范围： 1. 多高层钢结构、钢-混凝土混合结构中的钢框架；
2. 抗震设防地区及非抗震设防地区。

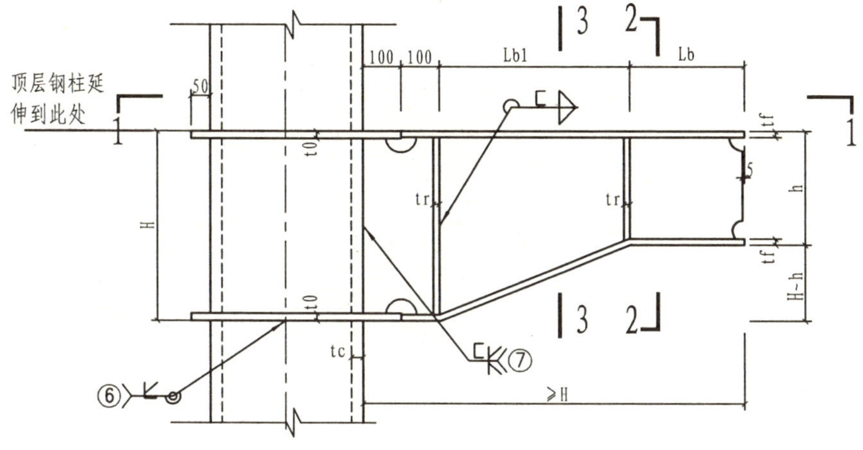

11 未标注焊缝为7号焊缝

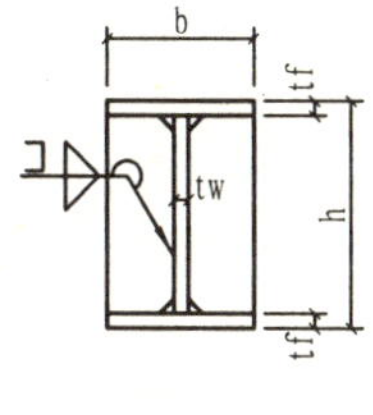

2-2

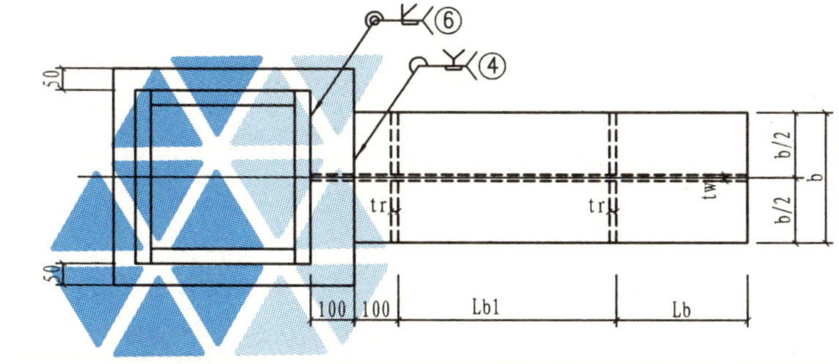

1-1

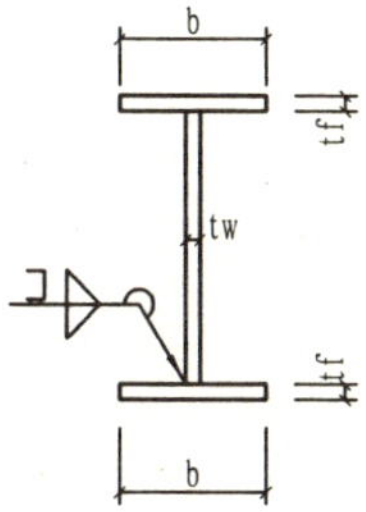

3-3

节点参数表

参数名称	参数取值(mm) 限制值［参考值］
h	梁截面高度
b	梁段翼缘宽度
Lb	梁段连接长度： ≥max(150,xx) [max(150,xx)] xx—腹板拼接板长度/2+35
Lb1	楔形梁段长度； ≥max(3(H-h),150) [max(3(H-h),150)]

节点钢板厚度表

板厚符号	板厚取值(mm)	材质要求
tf	同梁翼缘厚度	与梁相同
tw	同梁腹板厚度	与梁相同
t0	柱贯通隔板厚度： 取各方向tf的最大值，且 t0≥tc	与梁相同
tr	max(0.4tf,b/30)	与梁相同
tc	柱截面壁厚	

箱形柱-梁节点						图集号	08SG115-1
审核	申林	校对	刘岩	设计	王浩	页	39

适用范围：1.多层钢结构、钢-混凝土混合结构中的钢框架，当梁柱连接焊接工艺及构造措施有可靠保障时，也可用于高层钢结构；
2.地震设防烈度不宜高于7度地震区。

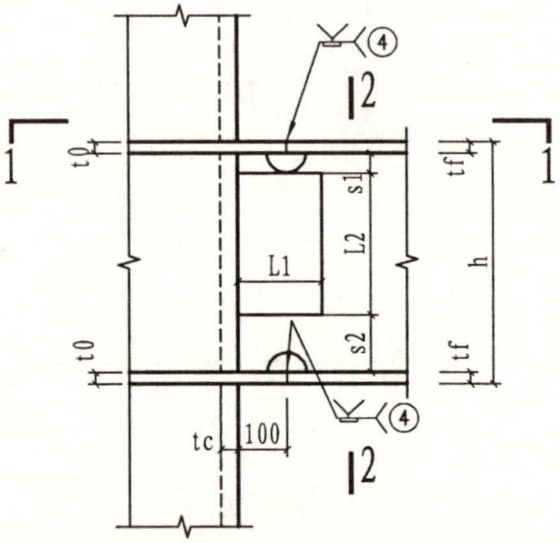

(12) 节点区未标注焊缝为7号焊缝

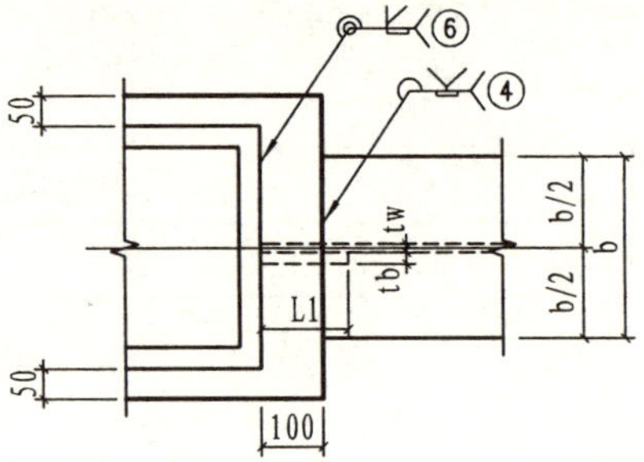

1-1

节点钢板厚度表

板厚符号	板厚取值(mm)	材质要求
t0	柱贯通隔板厚度：取各方向tf的最大值，且t0⩾tc	与梁相同
tb	腹板连接板厚度：单剪时，tb⩾tw，宜取1.2tw；双剪时，tb⩾0.7tw	与梁相同

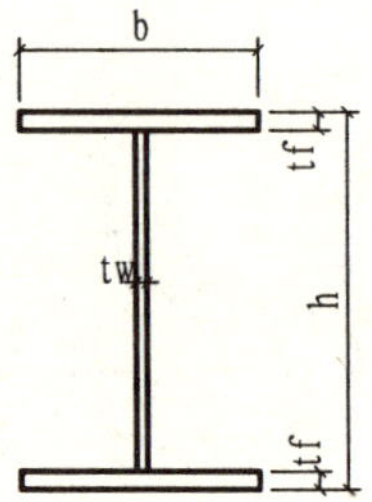

2-2

节点参数表

参数名称	参数取值(mm) 限制值［参考值］
h	梁截面高度
b	梁翼缘宽度
tf	梁翼缘厚度
tw	梁腹板厚度
tc	柱截面壁厚
L1	腹板连接板长度
L2	腹板连接板高度
s1	30～50
s2	50～70

注：1.腹板连接板选用形式及与柱的连接方式详见节点 (A~D / 102)；
2.节点图中梁、柱平面定位关系由平面布置图确定。

箱形柱-梁节点								图集号	08SG115-1
审核	申林	申林	校对	刘岩	刘岩	设计	王喆	页	40

适用范围：1. 多层钢结构、钢-混凝土混合结构中的钢框架，当梁柱连接焊接工艺及构造措施有可靠保障时，也可用于高层钢结构；
2. 地震设防烈度不宜高于7度地震区。

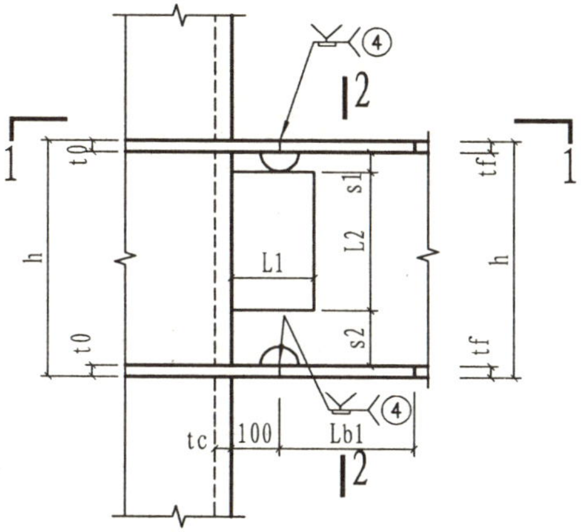

13 节点区未标注焊缝为7号焊缝

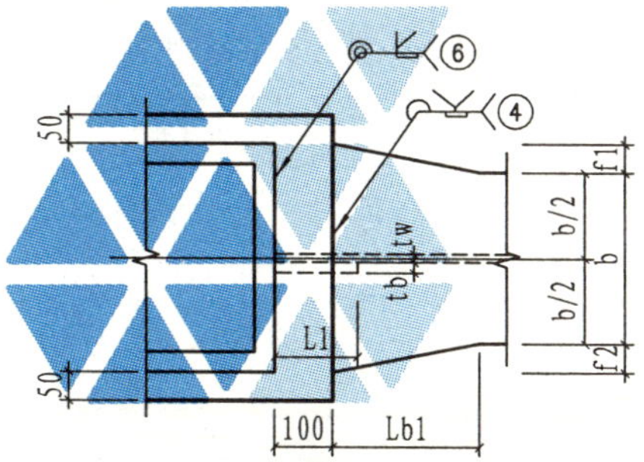

1-1

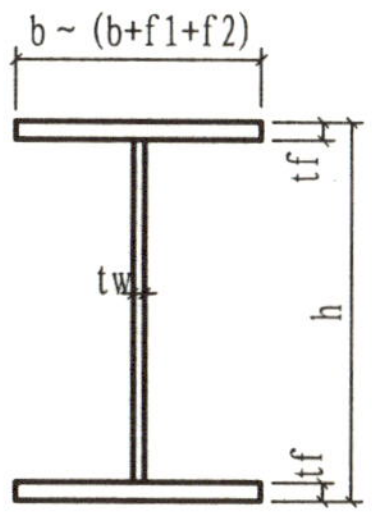

2-2

节点钢板厚度表

板厚符号	板厚取值(mm)	材质要求
t0	柱贯通隔板厚度： 取各方向tf的最大值， 且t0≥tc	与梁相同
tb	腹板连接板厚度： 单剪时，tb≥tw，宜取1.2tw； 双剪时，tb≥0.7tw	与梁相同

节点参数表

参数名称	参数取值(mm) 限制值［参考值］
h	梁截面高度
b	梁翼缘宽度
tw	梁腹板厚度
tf	梁翼缘厚度
tc	柱截面壁厚
L1	腹板连接板长度
L2	腹板连接板高度
Lb1	翼缘宽度变化段长度： ≥4×max(f1, f2)　[4×max(f1, f2)]
f1、f2	由梁柱定位关系确定，f1+f2 宜取0.2b～0.3b
s1	30～50
s2	50～70

注：1. 腹板连接板选用形式及与柱的连接方式详见节点 $\frac{A\sim D}{102}$；
2. 节点图中梁、柱平面定位关系由平面布置图确定。

箱形柱-梁节点						图集号	08SG115-1
审核	申林	校对	刘岩	设计	王喆	页	41

适用范围：1.多层钢结构、钢-混凝土混合结构中的钢框架，当梁柱连接焊接工艺及构造措施有可靠保障时，也可用于高层钢结构；
2.地震设防烈度不宜高于7度地震区。

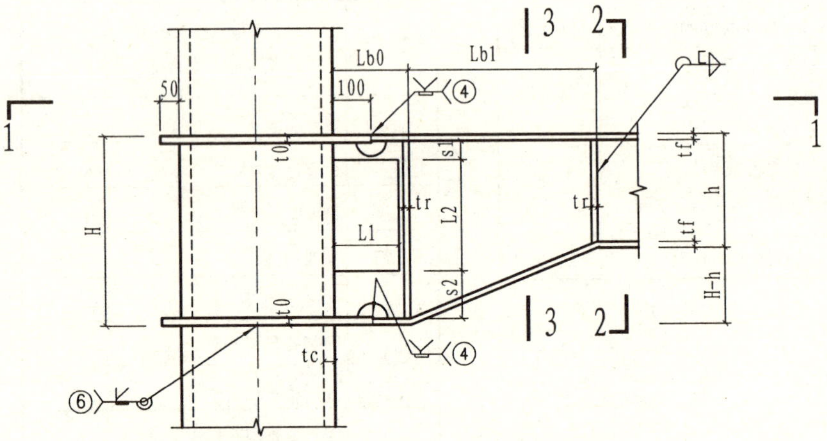

14 节点区未标注焊缝为7号焊缝

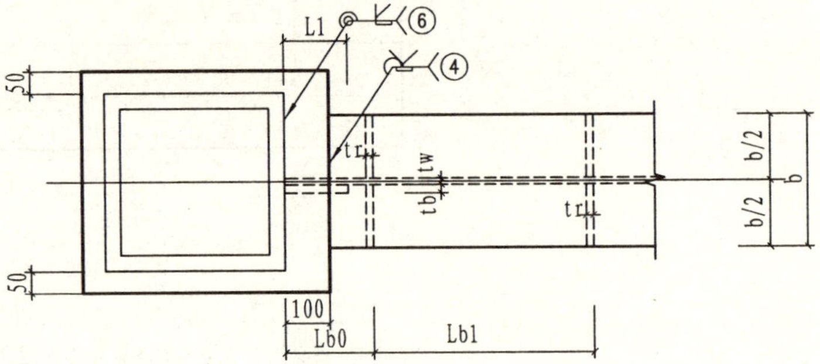

1-1

节点钢板厚度表

板厚符号	板厚取值(mm)	材质要求
t0	柱贯通隔板厚度： 取各方向tf的最大值， 且t0⩾tc	与梁相同
tr	⩾max(0.4tf, b/30)	与梁相同
tb	腹板连接板厚度： 单剪时，tb⩾tw，宜取1.2tw； 双剪时，tb⩾0.7tw	与梁相同

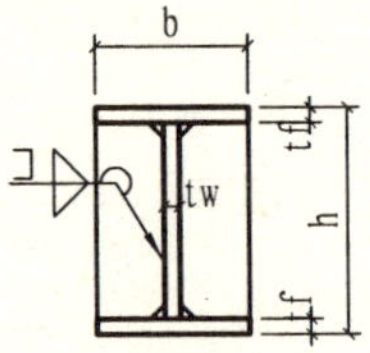

2-2

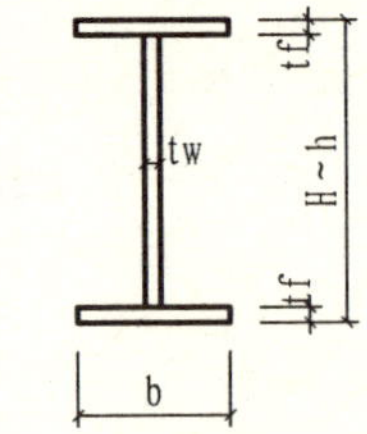

3-3

节点参数表

参数名称	参数取值(mm) 限制值［参考值］
H	汇交梁最大梁高
h	梁截面高度
b	梁翼缘宽度
tf	梁翼缘厚度
tw	梁腹板厚度
tc	柱截面壁厚
L1	腹板连接板长度
L2	腹板连接板高度
Lb0	⩾L1+35+tr［L1+35+tr］
Lb1	楔形梁段长度： ⩾max(3(H-h), 150) [max(3(H-h), 150)]
s1	30～50
s2	50～70

注：1.腹板连接板选用形式及与柱的连接方式详见节点 $\frac{A\sim D}{102}$；
2.节点图中梁、柱平面定位关系由平面布置图确定。

适用范围：1. 多高层钢结构、钢-混凝土混合结构中的钢框架；
2. 抗震设防地区及非抗震设防地区。

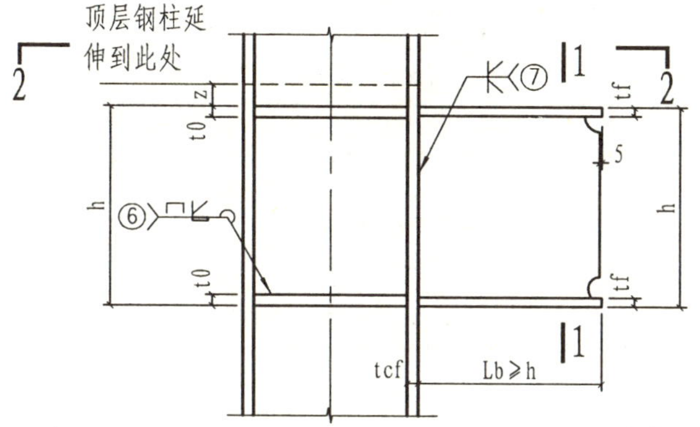

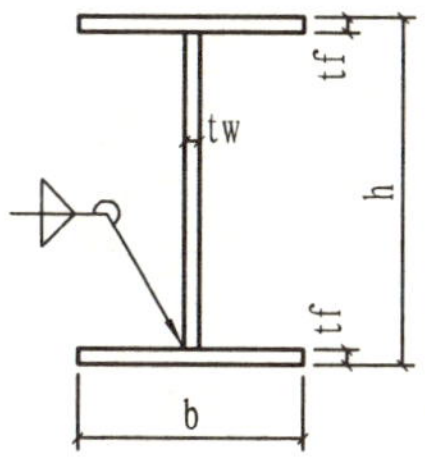

1-1

(15) 未标注焊缝为7号焊缝

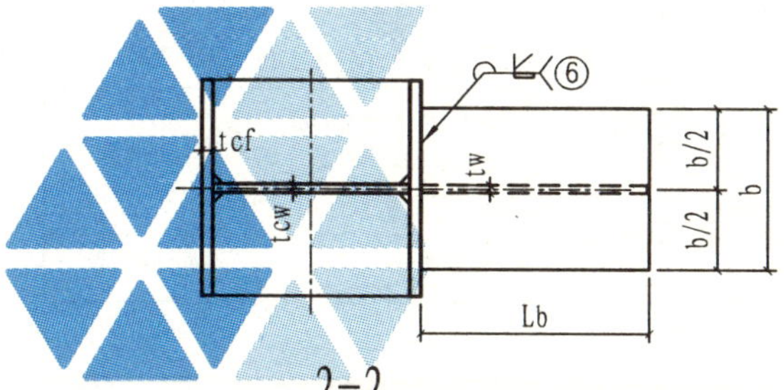

2-2

节点参数表

参数名称	参数取值(mm) 限制值［参考值］
h	同梁截面高度
b	同梁翼缘宽度
Lb	梁连接长度： ⩾max（300, xx） ［max（300, xx）］ xx—腹板拼接板长度/2+35
z	⩾max(30, 1.5tcf)　[60]

节点钢板厚度表

板厚符号	板厚取值(mm)	材质要求
tf	同梁翼缘厚度(当梁柱腹板不重合时，梁翼缘厚度+2)	与梁相同
tw	同梁腹板厚度	与梁相同
t0	柱加劲肋厚度： 取各方向梁tf的最大值	与梁相同
tcf	柱翼缘厚度： 当tcf<t0时，在梁上下各500范围内取 tcf=t0	与柱相同
tcw	柱腹板厚度	与柱相同

H形柱-梁节点							图集号	08SG115-1
审核	申 林	校对	王 浩	设计	刘 岩		页	43

适用范围：1. 多高层钢结构、钢-混凝土混合结构中的钢框架；
2. 抗震设防地区及非抗震设防地区。

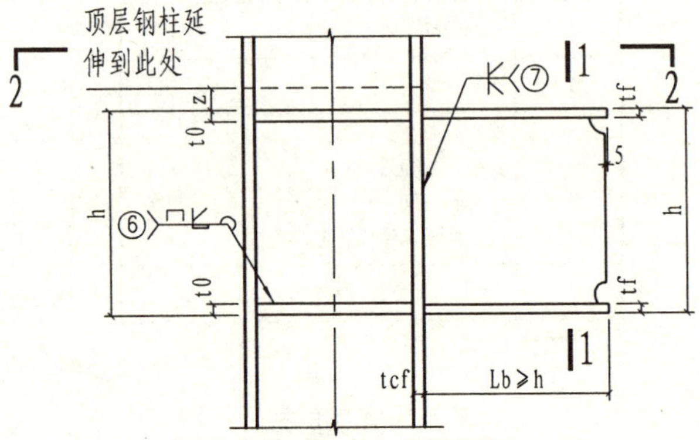

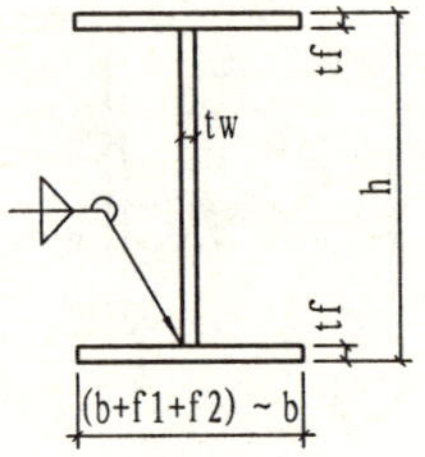

1-1

16 未标注焊缝为7号焊缝

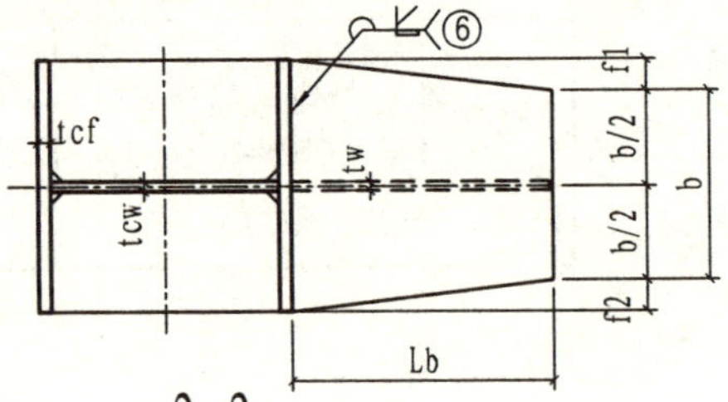

2-2

节点参数表

参数名称	参数取值(mm) 限制值［参考值］
h	同梁截面高度
b	同梁翼缘宽度
f1、f2	由梁柱定位关系确定， f1+f2宜取0.2～0.3b
Lb	梁连接长度： ≥max(300, xx, yy) ［max(300, xx, yy］ xx—腹板拼接板长度/2+35 yy—4*max(f1, f2)
z	≥max(30, 1.5tcf)　［60］

节点钢板厚度表

板厚符号	板厚取值(mm)	材质要求
tf	同梁翼缘厚度(当梁柱腹板不重合时，梁翼缘厚度+2)	与梁相同
tw	同梁腹板厚度	与梁相同
t0	柱加劲肋厚度： 取各方向梁tf的最大值	与梁相同
tcf	柱翼缘厚度： 当tcf<t0时，在梁上下各500范围内取 tcf=t0	与柱相同
tcw	柱腹板厚度	与柱相同

适用范围：1. 多高层钢结构、钢-混凝土混合结构中的钢框架；
2. 抗震设防地区及非抗震设防地区。

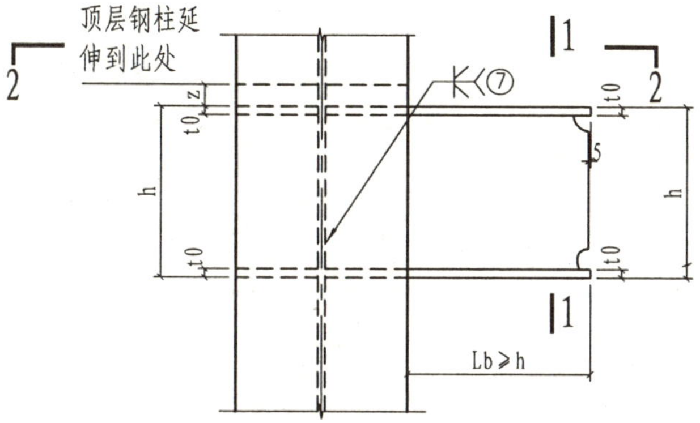

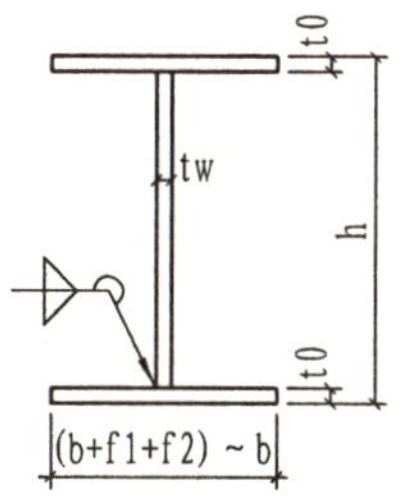

1-1

(17) 未标注焊缝为7号焊缝

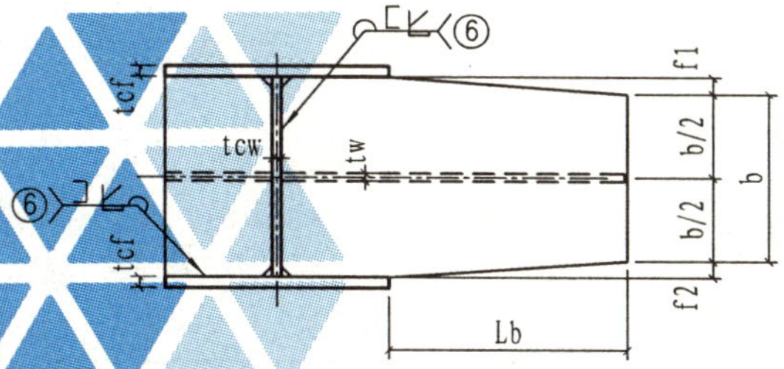

2-2

节点参数表

参数名称	参数取值(mm) 限制值［参考值］
h	同梁截面高度
b	同梁翼缘宽度
f1、f2	由梁柱定位关系确定， f1+f2宜取0.2~0.3b
Lb	梁连接长度： ⩾max(300, xx, yy) ［max(300, xx, yy］ xx—腹板拼接板长度/2+35 yy—4*max(f1, f2)
z	⩾max(30, 1.5tcf)　［60］

节点钢板厚度表

板厚符号	板厚取值(mm)	材质要求
tw	同梁腹板厚度	与梁相同
t0	取各方向梁翼缘厚度的最大值	与梁相同
tcf	柱翼缘厚度	与柱相同
tcw	柱腹板厚度： 当tcw<0.8t0时，在梁上下各500范围内取tcw=0.8t0	与柱相同

H形柱-梁节点								图集号	08SG115-1
审核	申林	申林	校对	王浩	王浩	设计	刘岩	页	45

适用范围：1. 多高层钢结构、钢-混凝土混合结构中的钢框架；
2. 抗震设防地区及非抗震设防地区；
3. 梁端需加腋时适用。

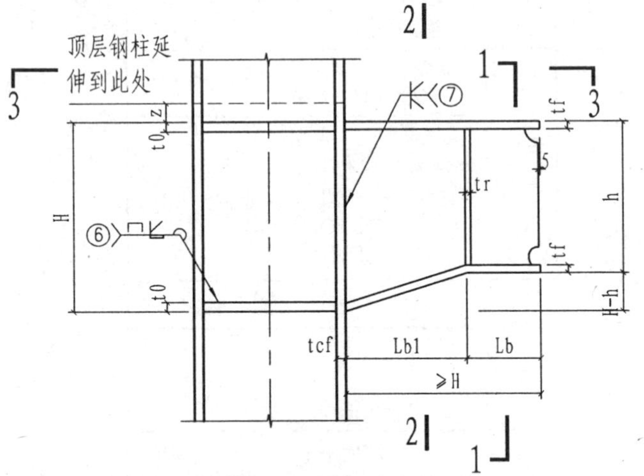

18

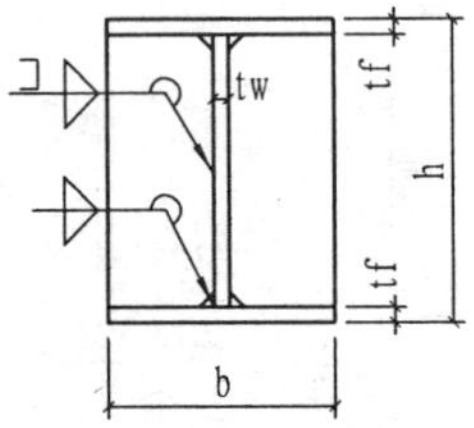

1-1

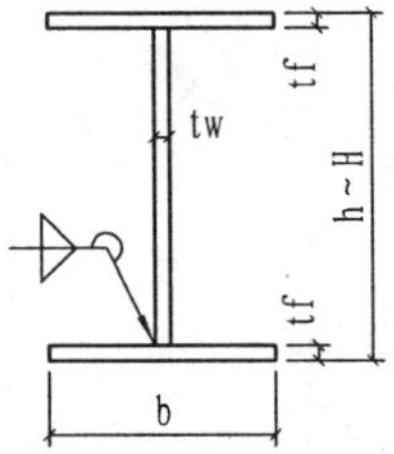

2-2

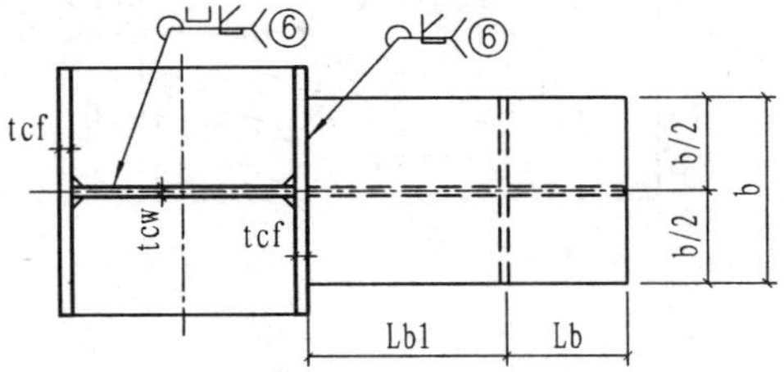

3-3

节点参数表

参数名称	参数取值(mm) 限制值［参考值］
H	汇交梁最大梁截面高度
h	同梁截面高度
b	同梁翼缘宽度
Lb	梁连接长度： ≥腹板拼接板长度/2+35 ［腹板拼接板长度/2+35］
Lb1	楔形梁段长度： ≥max(3(H-h),150) ［max(3(H-h),150)］
z	≥max(30,1.5tcf)［60］

节点钢板厚度表

板厚符号	板厚取值(mm)	材质要求
tf	同梁翼缘厚度(当梁柱腹板不重合时，梁翼缘厚度+2)	与梁相同
tw	同梁腹板厚度	与梁相同
tr	≥max（0.4tf，b/30）	与梁相同
t0	柱加劲肋厚度： 取各方向梁tf的最大值	与梁相同
tcf	柱翼缘厚度： 当tcf<t0时，在梁上下各500范围内取 tcf=t0	与柱相同
tcw	柱腹板厚度	与柱相同

H形柱-梁节点

适用范围：1. 多高层钢结构、钢-混凝土混合结构中的钢框架；
2. 抗震设防地区及非抗震设防地区；
3. 梁端需加腋时适用。

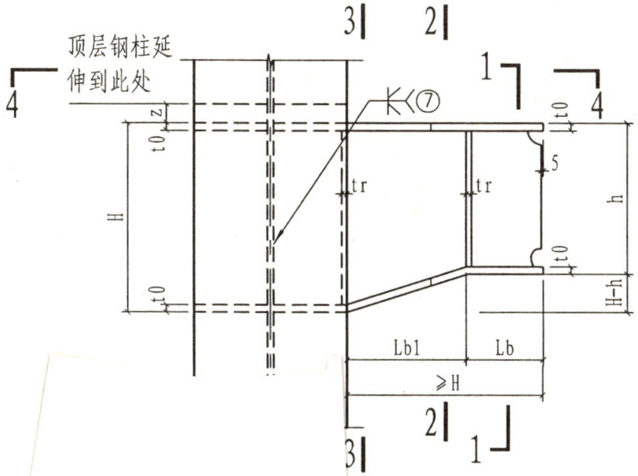

注焊缝为7号焊缝

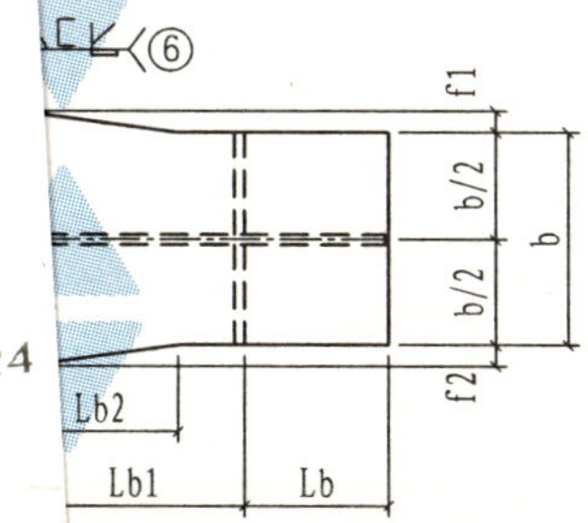

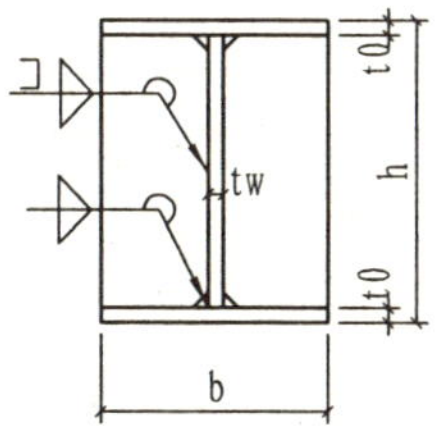

1-1

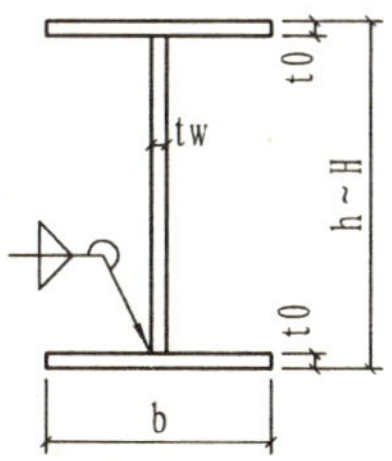

2-2

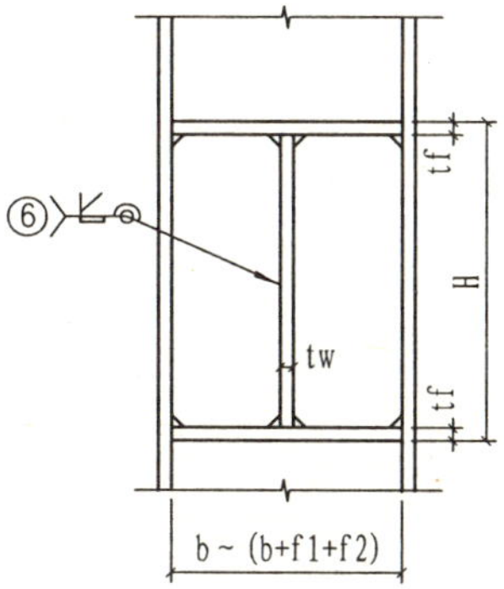

3-3

节点参数表

参数名称	参数取值(mm) 限制值［参考值］
H	汇交梁最大梁截面高度
h	同梁截面高度
b	同梁翼缘宽度
f1、f2	由梁柱定位关系确定
Lb	梁连接长度： ≥腹板拼接板长度/2+35 ［腹板拼接板长度/2+35］
Lb1	楔形梁段长度： ≥max(3(H-h),150) ［max(3(H-h),150)］
Lb2	梁连接段翼缘宽度变化段长度： ≥max(150,4*max(f1,f2)) ［max(150,4*max(f1,f2))］
z	≥max(30,1.5tcf)　［60］

节点钢板厚度表

板厚符号	板厚取值(mm)	材质要求
tw	同梁腹板厚度	与梁相同
tr	≥max（0.4t0，b/30）	与梁相同
t0	取各方向梁翼缘厚度的最大值。	与梁相同
tcf	柱翼缘厚度	与柱相同
tcw	柱腹板厚度： 当tcw<0.8t0时，在梁上下各500范围内取tcw=0.8t0	与柱相同

H形柱-梁节点							图集号	08SG115-1
审核	申林	申林	校对	王浩	王浩	设计 刘岩 刘岩	页	47

0305-001
复本3
J0336

适用范围：1. 多高层钢结构、钢-混凝土混合结构中的钢框架；
2. 抗震设防地区及非抗震设防地区；
3. 梁端需加腋时适用。

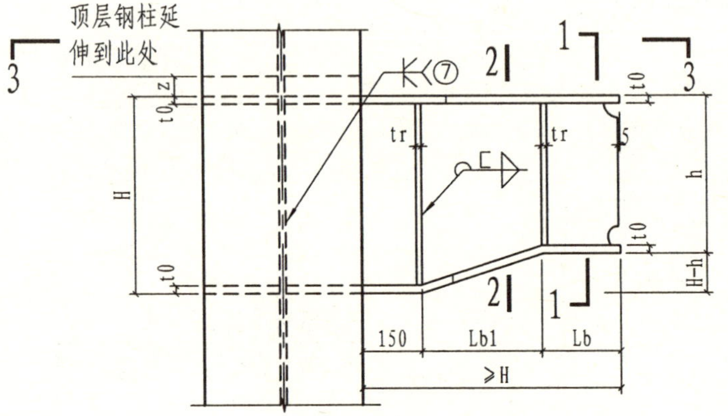

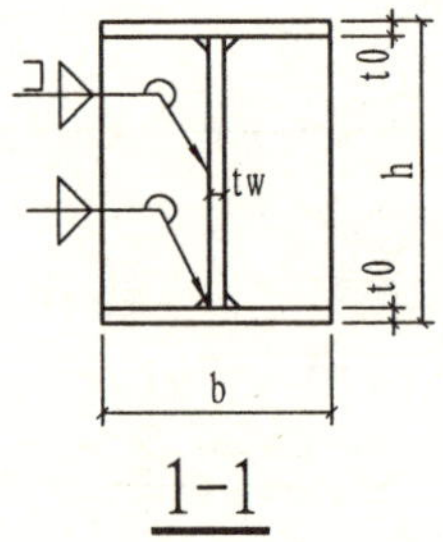

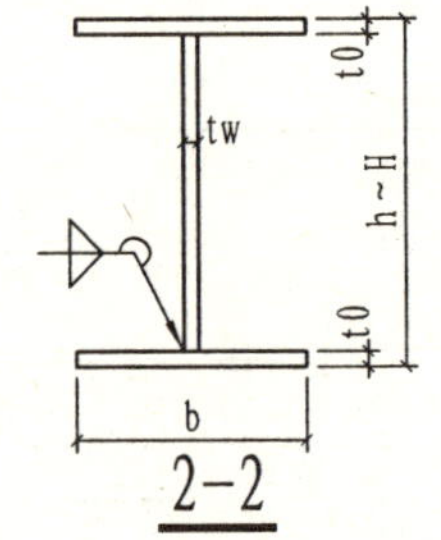

20 未标注焊缝为7号焊缝

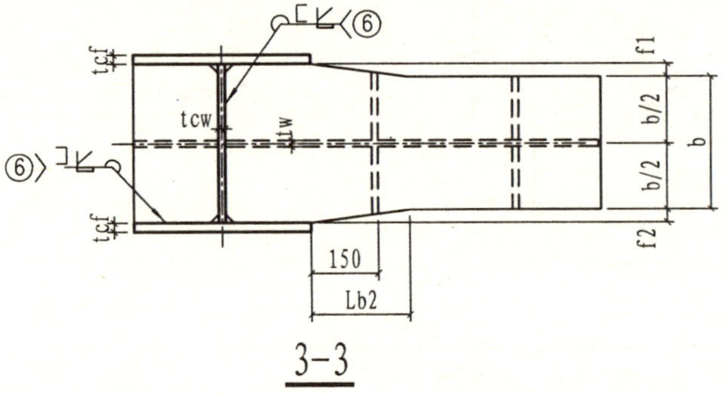

节点参数表

参数名称	参数取值(mm) 限制值［参考值］
H	汇交梁最大梁截面高度
h	同梁截面高度
b	同梁翼缘宽度
f1、f2	由梁柱定位关系确定。
Lb	梁连接长度： ≥腹板拼接板长度/2+35 ［腹板拼接板长度/2+35］
Lb1	楔形梁段长度： ≥max(3(H-h),150) ［max(3(H-h),150)］
Lb2	梁连接段翼缘宽度变化段长度： ≥max(150,4*max(f1,f2)) ［max(150,4*max(f1,f2))］
z	≥max(30,1.5tcf)　[60]

节点钢板厚度表

板厚符号	板厚取值(mm)	材质要求
tw	同梁腹板厚度	与梁相同
tr	≥max（0.4t0，b/30）	与梁相同
t0	取各方向梁翼缘厚度的最大值	与梁相同
tcf	柱翼缘厚度	与柱相同
tcw	柱腹板厚度： 当tcw<0.8t0时，在梁上下各500范围内取tcw=0.8t0	与柱相同

H形柱-梁节点						图集号	08SG115-1
审核	申林	校对	王浩	设计	刘岩	页	48

适用范围：1. 多层钢结构、钢-混凝土混合结构中的钢框架，当梁柱连接焊接工艺及构造措施有可靠保障时，也可用于高层钢结构；

2. 地震设防烈度不宜高于7度地震区。

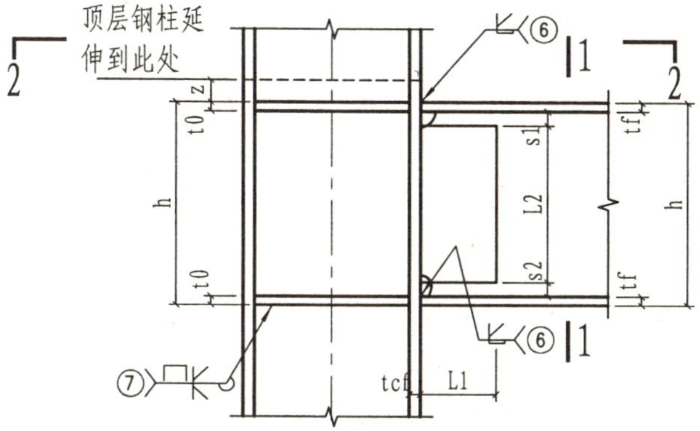

21 节点区未标注焊缝为7号焊缝

节点钢板厚度表

板厚符号	板厚取值(mm)	材质要求
t0	柱加劲肋厚度： 取各方向梁tf的最大值	与梁相同
tcf	柱翼缘厚度： 当tcf<t0时，在梁上下各500范围内取tcf=t0	与柱相同
tb	腹板连接板厚度： 单剪时，tb≥tw，宜取1.2tw； 双剪时，tb≥0.7tw	与梁相同

节点参数表

参数名称	参数取值(mm) 限制值［参考值］
h	梁截面高度
b	梁翼缘宽度
tf	梁翼缘厚度
tw	梁腹板厚度
tcw	柱腹板厚度
L1	腹板连接板长度
L2	腹板连接板高度
s1	30～50
s2	50～70

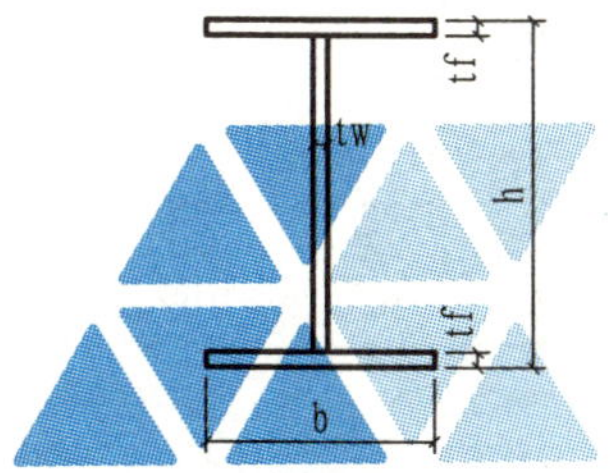

1-1

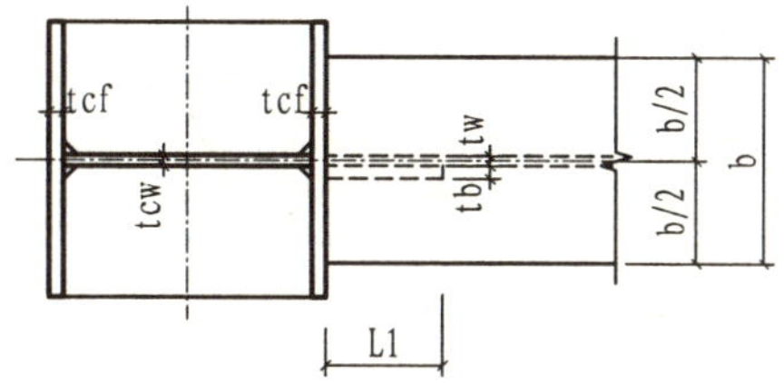

2-2

注：1. 腹板连接板选用形式及与柱的连接方式详见节点 (A~D / 102)；

2. 节点图中梁、柱平面定位关系由平面布置图确定。

H形柱-梁节点							图集号	08SG115-1
审核	申林	申林	校对	刘岩	刘岩	设计 王喆 王喆	页	49

适用范围：1.多层钢结构、钢-混凝土混合结构中的钢框架，当梁柱连接焊接工艺及构造措施有可靠保障时，也可用于高层钢结构；
2.地震设防烈度不宜高于7度地震区。

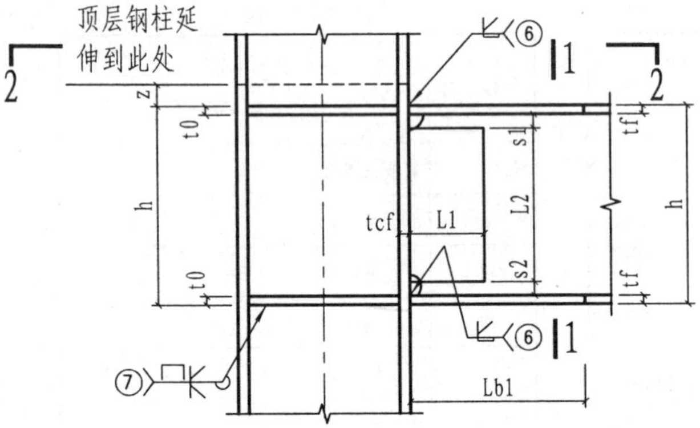

22 节点区未标注焊缝为7号焊缝

节点钢板厚度表

板厚符号	板厚取值(mm)	材质要求
t0	柱加劲肋厚度: 取各方向梁tf的最大值	与梁相同
tcf	柱翼缘厚度: 当tcf<t0时，在梁上下各500范围内取 tcf=t0	与柱相同
tb	腹板连接板厚度: 单剪时，tb⩾tw，宜取1.2tw; 双剪时，tb⩾0.7tw	与梁相同

节点参数表

参数名称	参数取值(mm) 限制值[参考值]
h	梁截面高度
b	梁翼缘宽度
tf	梁翼缘厚度
tw	梁腹板厚度
tcw	柱腹板厚度
L1	腹板连接板长度
L2	腹板连接板高度
Lb1	翼缘宽度变化段长度: Lb1⩾4max(f1,f2) [4max(f1,f2)]
s1	30~50
s2	50~70
f1、f2	由梁柱定位关系确定，f1+f2 0.2b~0.3b
z	⩾max(30,1.5tcf) [60]

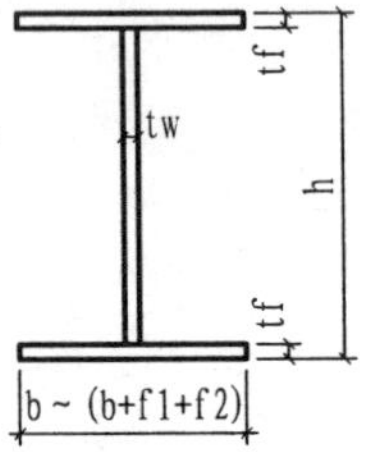

1-1

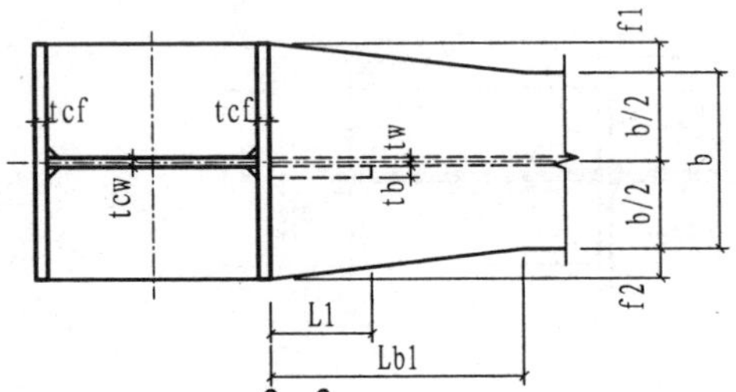

2-2

注：1.腹板连接板选用形式及与柱的连接方式详见节点 (A~D/102)；
2.节点图中梁、柱平面定位关系由平面布置图确定。

H形柱-梁节点						图集号	08SG115-1
审核	申林	校对	刘岩	设计	王喆	页	50

适用范围：1.多层钢结构、钢-混凝土混合结构中的钢框架，当梁柱连接焊接工艺及构造措施有可靠保障时，也可用于高层钢结构；
2.地震设防烈度不宜高于7度地震区；
3.梁端需要加腋时适用。

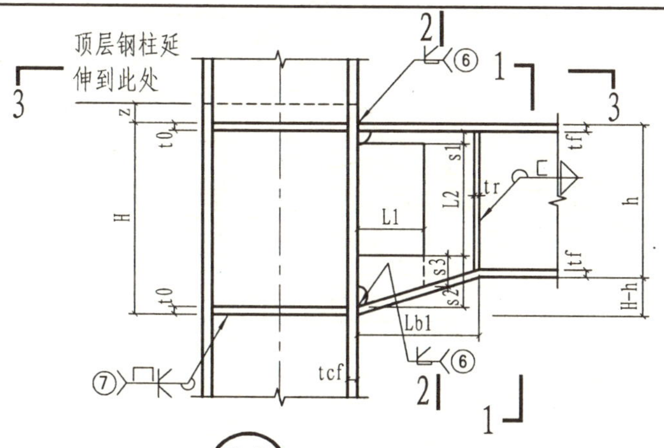

23 节点区未标注焊缝为7号焊缝

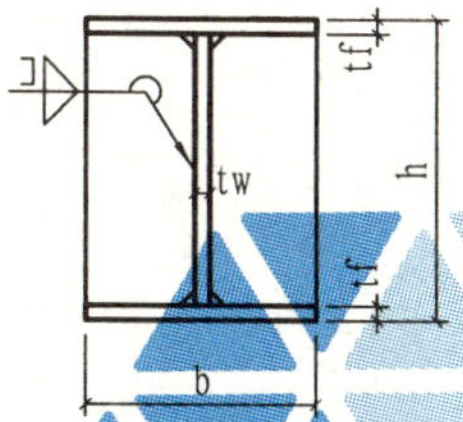

1-1

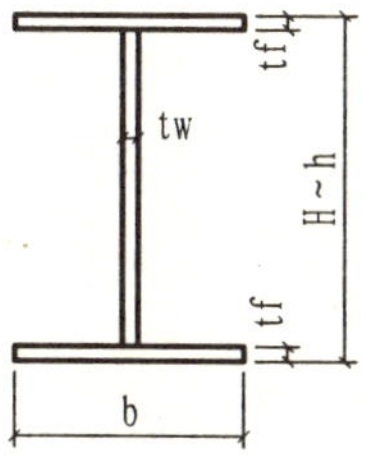

2-2

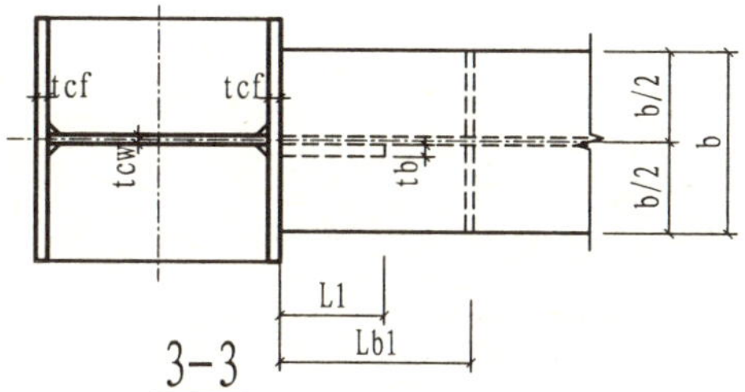

3-3

节点钢板厚度表

板厚符号	板厚取值(mm)	材质要求
t0	柱加劲肋厚度：取各方向梁tf的最大值	与梁相同
tcf	柱翼缘厚度：当tcf<t0时，在梁上下各500范围内取 tcf=t0	与柱相同
tb	腹板连接板厚度：单剪时，tb⩾tw，宜取1.2tw；双剪时，tb⩾0.7tw	与梁相同
tr	⩾max(0.4tf, b/30)	与梁相同

节点参数表

参数名称	参数取值(mm) 限制值[参考值]
H	汇交梁最大梁截面高度
h	梁截面高度
b	梁翼缘宽度
tf	梁翼缘厚度
tw	梁腹板厚度
tcw	柱腹板厚度
L1	腹板连接板长度
L2	腹板连接板高度
Lb1	梁端加腋范围：Lb1⩾max(3(H-h), 300, L1+35+tr) [max(3(H-h), 300), L1+35+tr]
s1	30～50
s2	50～70
s3	⩾15[15]
z	⩾max(30, 1.5tcf) [60]

注：1.腹板连接板选用形式及与柱的连接方式详见节点 $\frac{A\sim D}{102}$；
2.节点图中梁、柱平面定位关系由平面布置图确定。

H形柱-梁节点							图集号	08SG115-1
审核	申林	申林	校对	刘岩	刘岩	设计 王喆 王喆	页	51

适用范围：1. 多高层钢结构、钢-混凝土混合结构中的钢框架；
2. 抗震设防地区及非抗震设防地区。

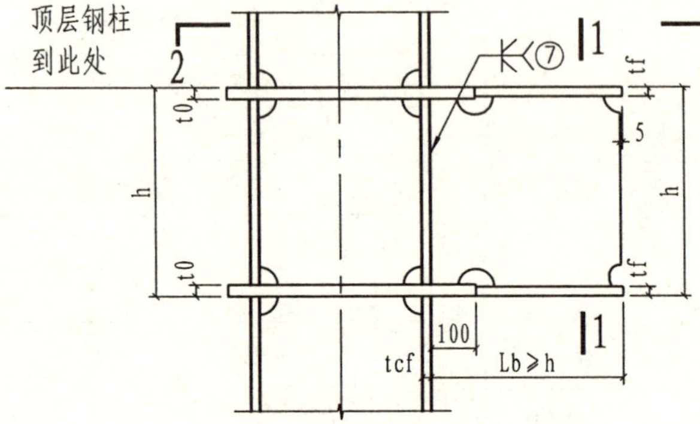

24 未标注焊缝为7号焊缝

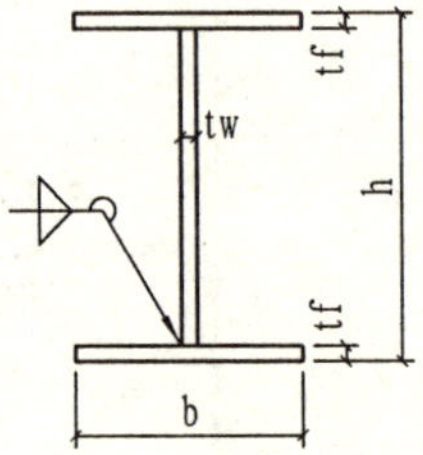

1-1

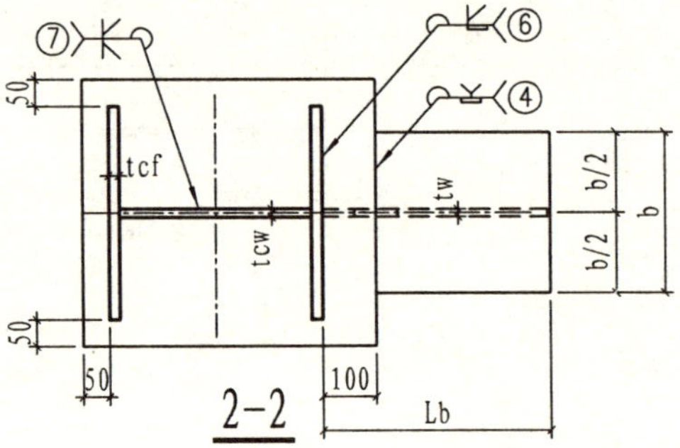

2-2

节点参数表

参数名称	参数取值(mm) 限制值［参考值］
h	同梁截面高度
b	同梁翼缘宽度
Lb	梁连接长度： ≥max（300, xx） ［max（300, xx）］ xx—腹板拼接板长度/2+35

节点钢板厚度表

板厚符号	板厚取值(mm)	材质要求
tf	同梁翼缘厚度	与梁相同
tw	同梁腹板厚度	与梁相同
t0	柱贯通隔板厚度： 取各方向梁tf的最大值， 且t0≥tcf	与梁相同
tcf	柱翼缘厚度	与柱相同
tcw	柱腹板厚度	与柱相同

H形柱-梁节点	图集号	08SG115-1
审核 申林 校对 王浩 设计 刘岩	页	52

适用范围：1. 多高层钢结构、钢-混凝土混合结构中的钢框架；
2. 抗震设防地区及非抗震设防地区。

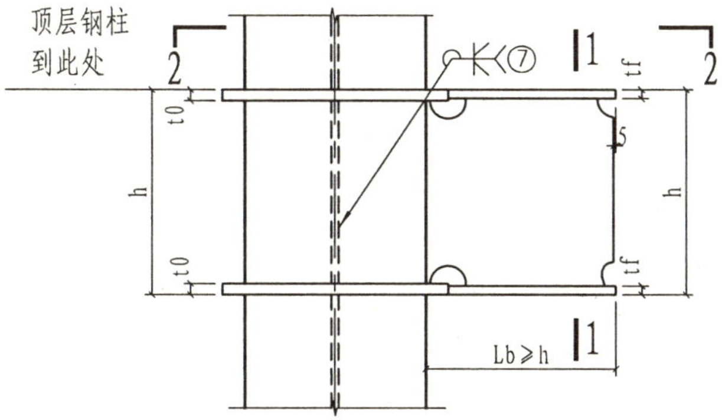

(25) 未标注焊缝为7号焊缝

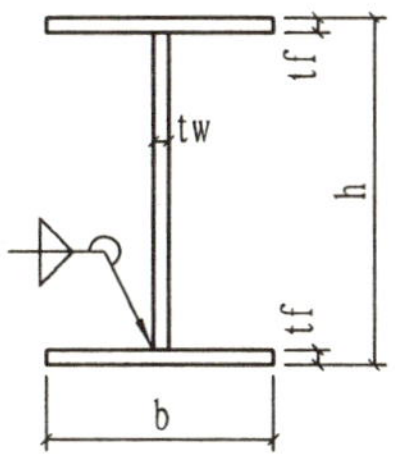

1-1

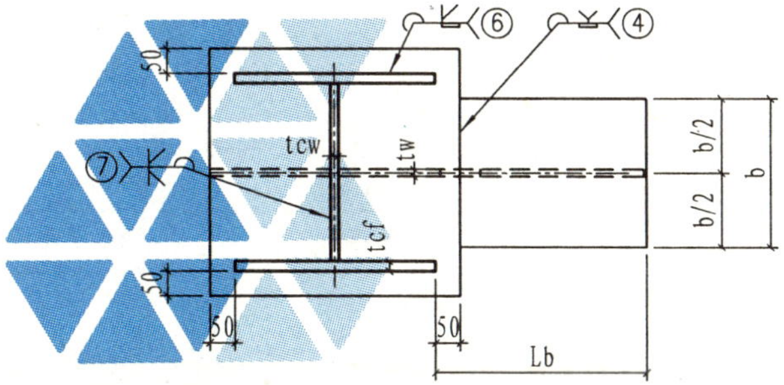

2-2

节点参数表

参数名称	参数取值(mm) 限制值［参考值］
h	同梁截面高度
b	同梁翼缘宽度
Lb	梁连接长度： ≥max（300,xx） ［max（300,xx）］ xx—腹板拼接板长度/2+35

节点钢板厚度表

板厚符号	板厚取值(mm)	材质要求
tf	同梁翼缘厚度	与梁相同
tw	同梁腹板厚度	与梁相同
t0	柱贯通隔板厚度： 取各方向梁tf的最大值， 且t0≥tcf	与梁相同
tcf	柱翼缘厚度	与柱相同
tcw	柱腹板厚度	与柱相同

H形柱-梁节点								图集号	08SG115-1
审核	申林	申林	校对	王浩	王浩	设计	刘岩	刘岩	页	53

适用范围：1. 多高层钢结构、钢-混凝土混合结构中的钢框架；
2. 抗震设防地区及非抗震设防地区；
3. 梁端需加腋时适用。

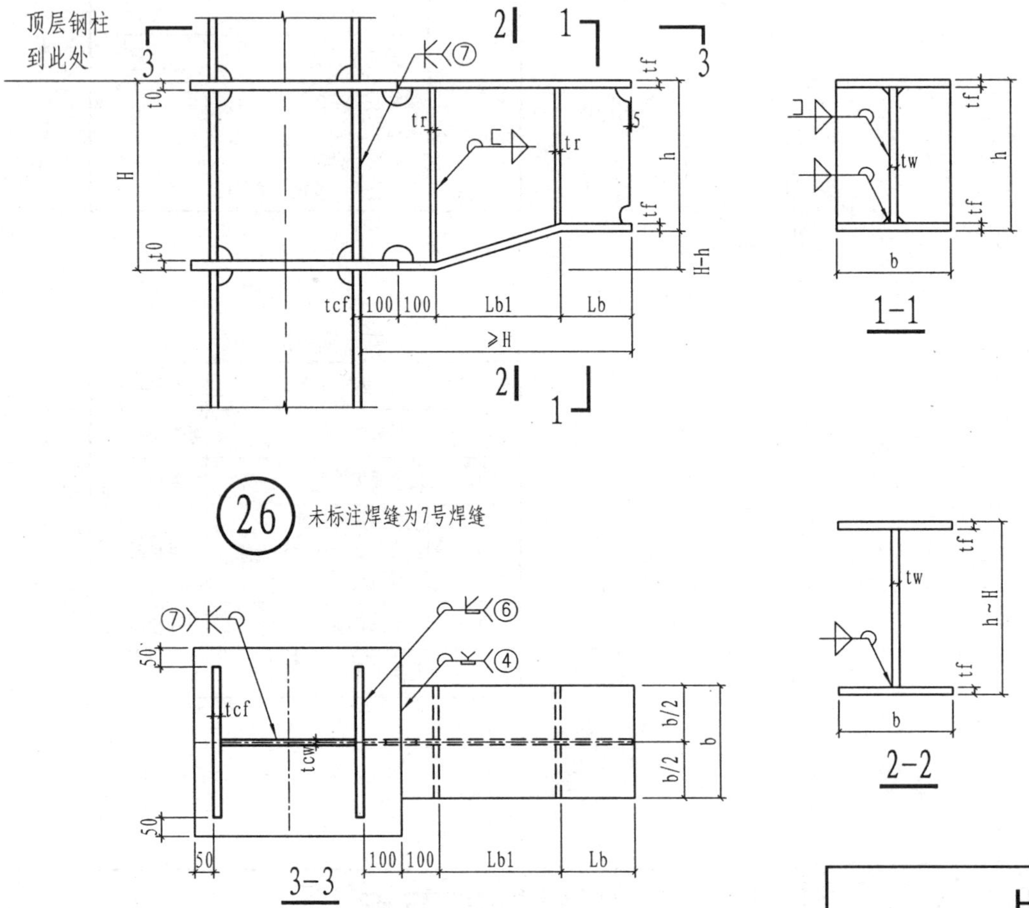

节点参数表

参数名称	参数取值(mm) 限制值［参考值］
H	汇交梁最大梁截面高度
h	同梁截面高度
b	同梁翼缘宽度
Lb	梁连接长度: ≥腹板拼接板长度/2+35 ［腹板拼接板长度/2+35］
Lb1	楔形梁段长度: ≥max(3(H-h),150) ［max(3(H-h),150)］

节点钢板厚度表

板厚符号	板厚取值(mm)	材质要求
tf	同梁翼缘厚度	与梁相同
tw	同梁腹板厚度	与梁相同
tr	≥max（0.4tf，b/30）	与梁相同
t0	柱贯通隔板厚度: 取各方向梁tf的最大值, 且t0≥tcf	与梁相同
tcf	柱翼缘厚度	与柱相同
tcw	柱腹板厚度	与柱相同

H形柱-梁节点									图集号	08SG115-1
审核	申林	申林	校对	王浩	王浩	设计	刘岩	刘岩	页	54

适用范围：1. 多高层钢结构、钢-混凝土混合结构中的钢框架；
2. 抗震设防地区及非抗震设防地区；
3. 梁端需加腋时适用。

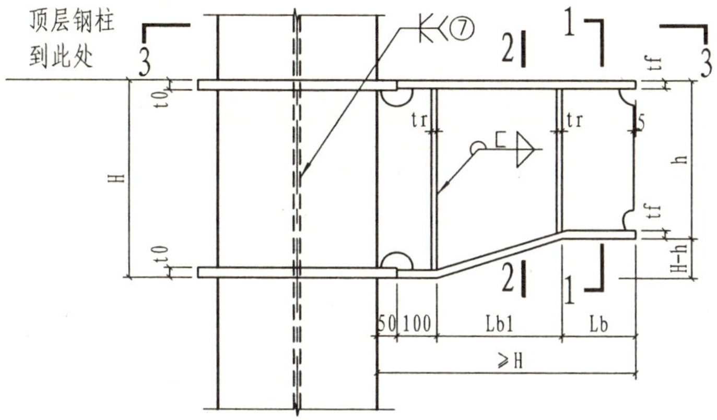

27 未标注焊缝为7号焊缝

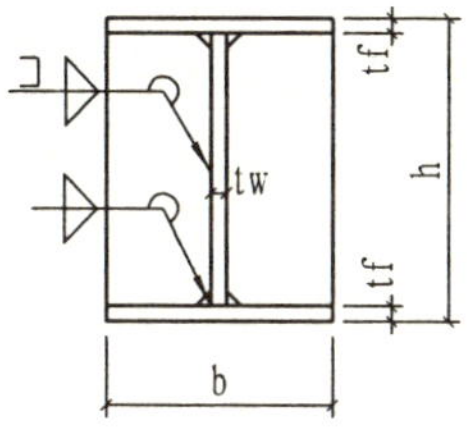

1-1

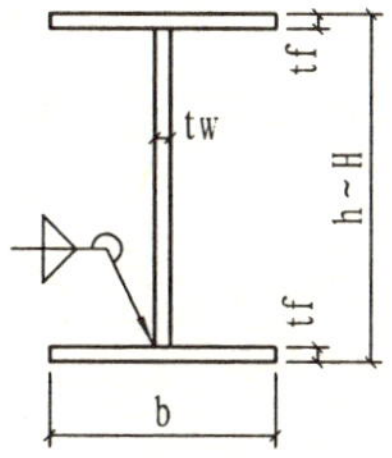

2-2

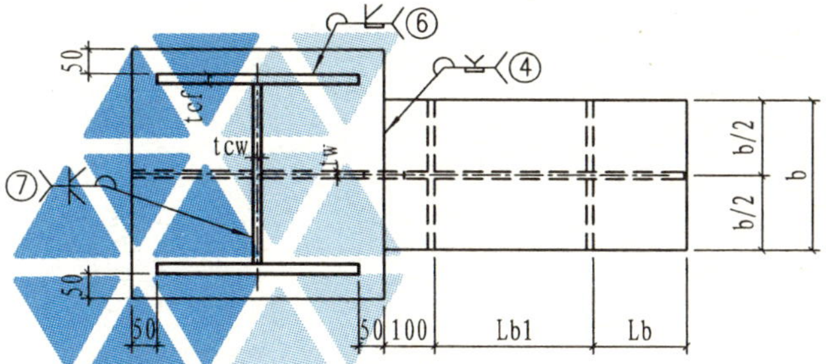

3-3

节点参数表

参数名称	参数取值(mm) 限制值［参考值］
H	汇交梁最大梁截面高度
h	同梁截面高度
b	同梁翼缘宽度
Lb	梁连接长度： ≥腹板拼接板长度/2+35 ［腹板拼接板长度/2+35］
Lb1	楔形梁段长度： ≥max(3(H-h),150) ［max(3(H-h),150)］

节点钢板厚度表

板厚符号	板厚取值(mm)	材质要求
tf	同梁翼缘厚度	与梁相同
tw	同梁腹板厚度	与梁相同
tr	≥max（0.4tf，b/30）	与梁相同
t0	柱贯通隔板厚度： 取各方向梁tf的最大值， 且t0≥tcf	与梁相同
tcf	柱翼缘厚度	与柱相同
tcw	柱腹板厚度	与柱相同

H形柱-梁节点							图集号	08SG115-1
审核	申林	申林	校对	王浩	王浩	设计 刘岩	刘岩	页	55

适用范围：1.多层钢结构、钢-混凝土混合结构中的钢框架，当梁柱连接焊接工艺及构造措施有可靠保障时，也可用于高层钢结构；
2.抗震设防地区及非抗震设防地区。

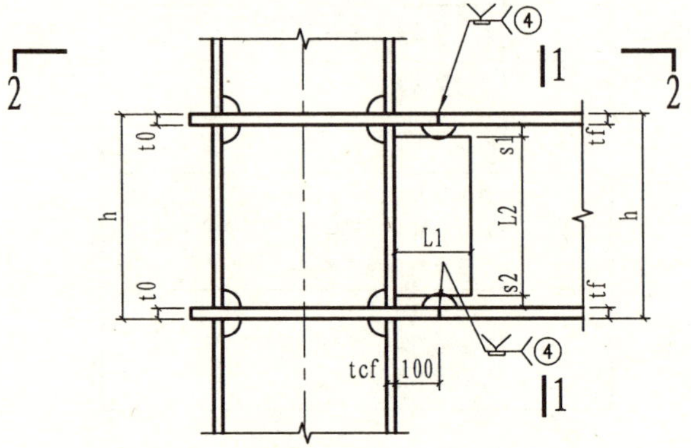

28 节点区未标注焊缝为7号焊缝

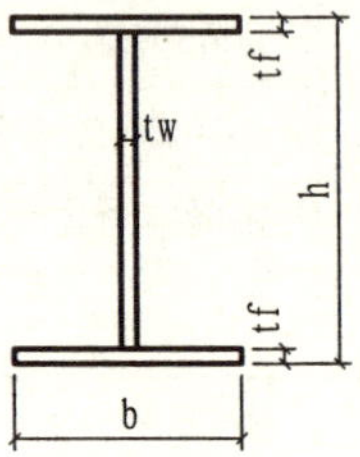

1-1

节点钢板厚度表

板厚符号	板厚取值(mm)	材质要求
t0	柱贯通隔板厚度： 取各方向梁tf的最大值，且t0⩾tcf	与梁相同
tb	腹板连接板厚度： 单剪时，tb⩾tw，宜取1.2tw； 双剪时，tb⩾0.7tw	与梁相同

节点参数表

参数名称	参数取值(mm) 限制值［参考值］
h	梁截面高度
b	梁翼缘宽度
tf	梁翼缘厚度
tw	梁腹板厚度
tcf	柱翼缘厚度
tcw	柱腹板厚度
L1	腹板连接板长度
L2	腹板连接板高度

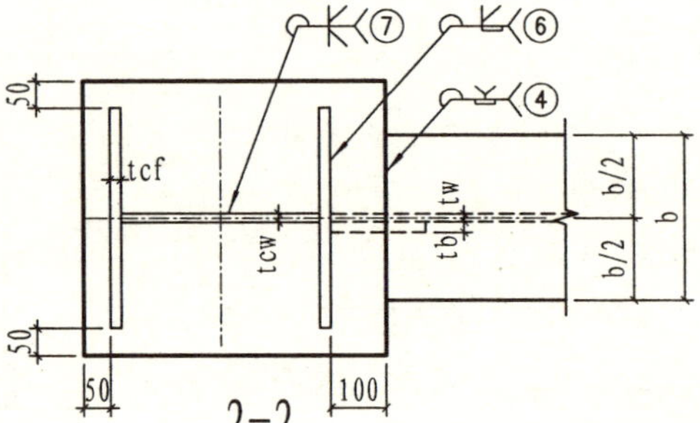

2-2

注：1.腹板连接板选用形式及与柱的连接方式详见节点 A~D/102；
2.节点图中梁、柱平面定位关系由平面布置图确定。

H形柱-梁节点						图集号	08SG115-1
审核	申林	校对	刘岩	设计	王喆	页	56

适用范围：1. 多层钢结构、钢-混凝土混合结构中的钢框架，当梁柱连接焊接工艺及构造措施有可靠保障时，也可用于高层钢结构；
2. 抗震设防地区及非抗震设防地区。

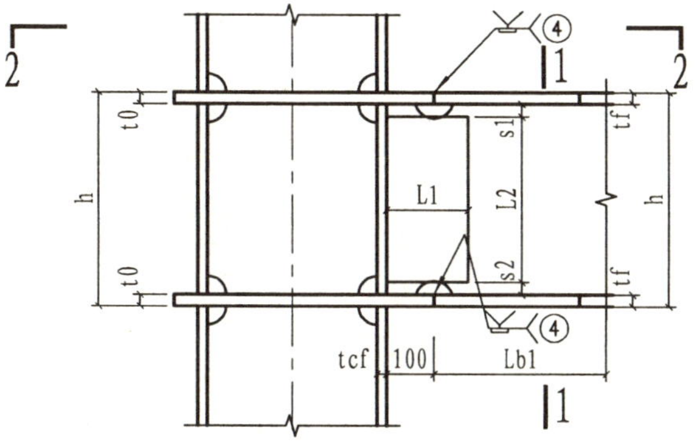

(29) 节点区未标注焊缝为7号焊缝

节点钢板厚度表

板厚符号	板厚取值(mm)	材质要求
t0	柱贯通隔板厚度：取各方向梁tf的最大值，且t0≥tcf	与梁相同
tb	腹板连接板厚度：单剪时，tb≥tw，宜取1.2tw；双剪时，tb≥0.7tw	与梁相同

节点参数表

参数名称	参数取值(mm) 限制值［参考值］
h	同梁截面高度
b	同梁翼缘宽度
tf	梁翼缘厚度
tw	梁腹板厚度
tcf	柱翼缘厚度
tcw	柱腹板厚度
L1	腹板连接板长度
L2	腹板连接板高度
Lb1	翼缘宽度变化段长度：Lb1≥4max(f1, f2) ［4max(f1, f2)］
s1	30～50
s2	50～70
f1、f2	由梁柱定位关系确定，f1+f2宜取0.2b～0.3b

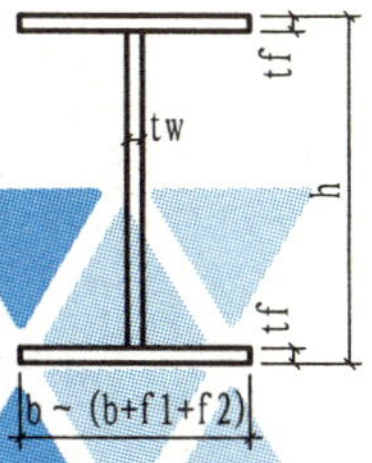

1-1

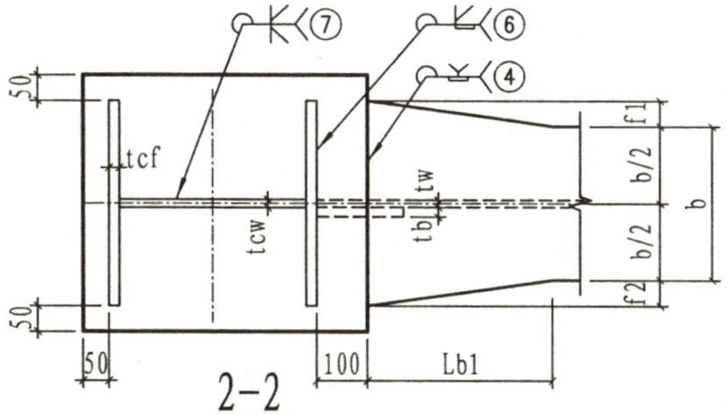

2-2

注：1. 腹板连接板选用形式及与柱的连接方式详见节点 (A~D / 102)；
2. 节点图中梁、柱平面定位关系由平面布置图确定。

H形柱-梁节点							图集号	08SG115-1
审核	申林	申林	校对	刘岩	刘岩	设计 王喆	王喆	页 57

适用范围：1. 多层钢结构、钢-混凝土混合结构中的钢框架，当梁柱连接焊接工艺及构造措施有可靠保障时，也可用于高层钢结构；
2. 抗震设防地区及非抗震设防地区。

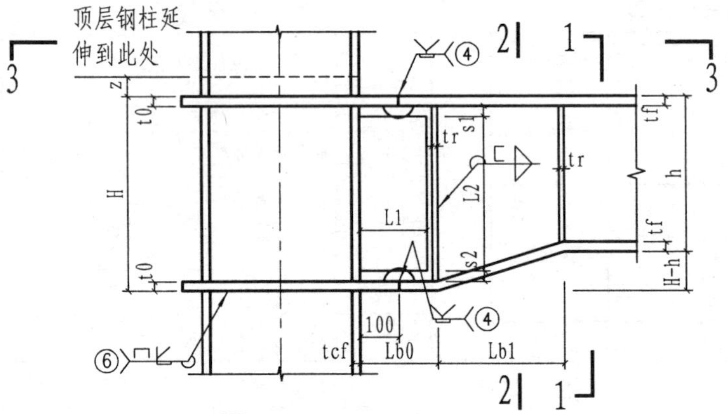

30 节点区未标注焊缝为7号焊缝

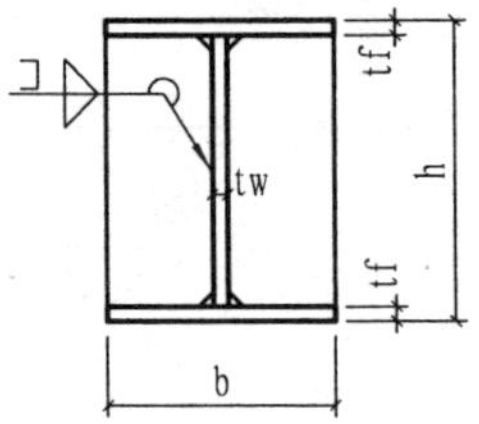

1-1

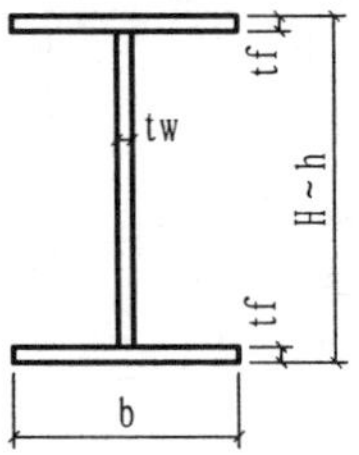

2-2

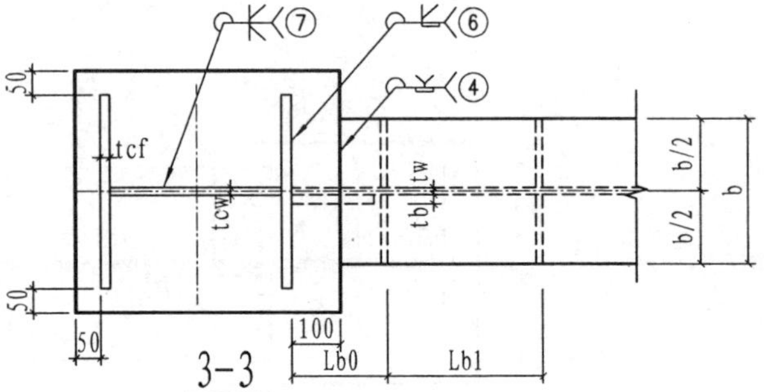

3-3

节点钢板厚度表

板厚符号	板厚取值(mm)	材质要求
tr	≥max(0.4tf, b/30)	与梁相同
t0	柱贯通隔板厚度： 取各方向梁tf的最大值，且t0≥tcf	与梁相同
tb	腹板连接板厚度： 单剪时，tb≥tw，宜取1.2tw； 双剪时，tb≥0.7tw	与梁相同

节点参数表

参数名称	参数取值(mm) 限制值［参考值］
H	汇交梁最大梁截面高度
h	梁截面高度
b	梁翼缘宽度
tf	梁翼缘厚度
tw	梁腹板厚度
tcf	柱翼缘厚度
tcw	柱腹板厚度
L1	腹板连接板长度
L2	腹板连接板高度
Lb0	≥L1+35+tr［L1+35+tr］
Lb1	楔形梁段长度： ≥max(150, 3(H-h)) ［max(150, 3(H-h))］
s1	30～50
s2	50～70

注：1. 腹板连接板选用形式及与柱的连接方式详见节点 (A~D / 102)；
2. 节点图中梁、柱平面定位关系由平面布置图确定。

H形柱-梁节点

适用范围：1. 多高层钢结构、钢-混凝土混合结构中的钢框架；
2. 抗震设防地区及非抗震设防地区；
3. 梁柱节点宜采用短悬臂连接；
4. 当梁与柱直接连接时，且抗震设防烈度不宜高于7度。

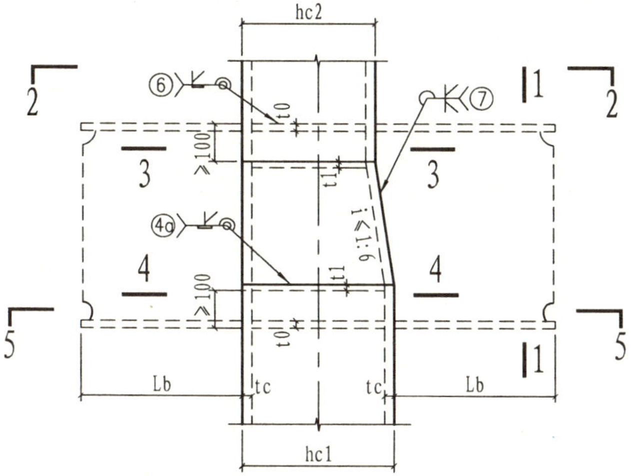

31 未标注焊缝为7号焊缝

节点参数表

参数名称	参数取值(mm) 限制值［参考值］
Lb	梁连接长度： max（300, xx） ［max（300, xx）］ xx—腹板拼接板长度/2+35

节点钢板厚度表

板厚符号	板厚取值(mm)	材质要求
t0	柱加劲肋厚度： 取各方向梁翼缘厚度的最大值。	与梁相同
tc	柱翼缘厚度： 当tc<t0时，在梁上下各500范围内取 tc=t0。	与柱相同
t1	柱横隔板厚度：≥16	与柱相同

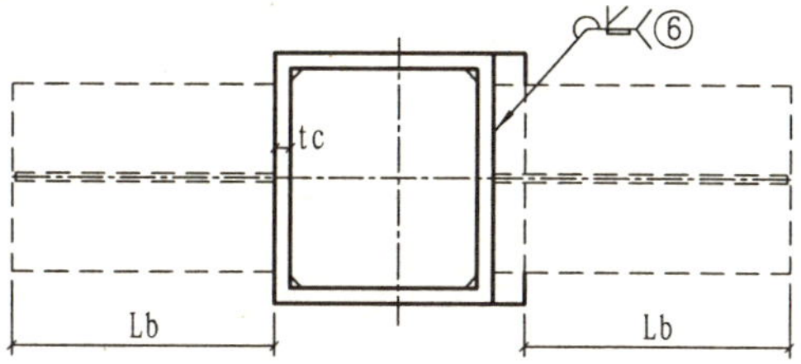

2-2

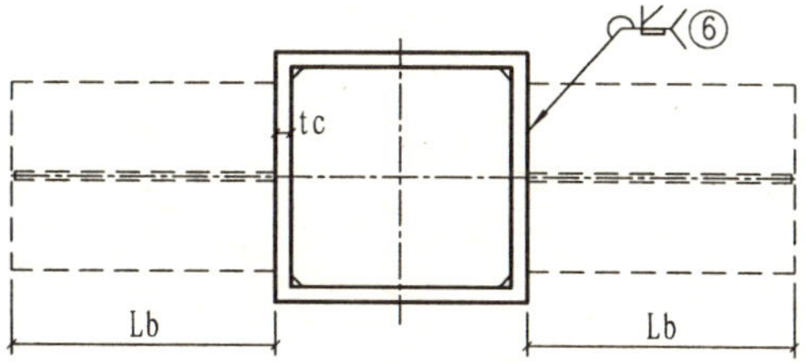

5-5

1-1

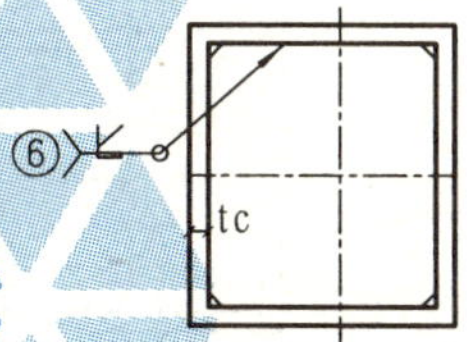

3-3

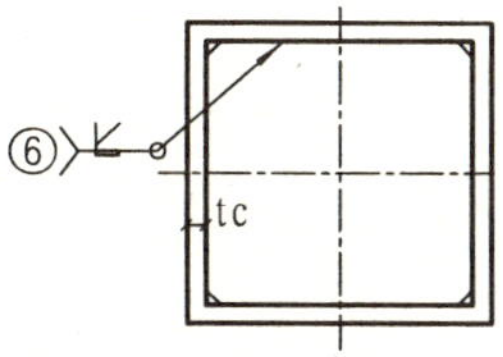

4-4

箱形柱变截面节点								图集号	08SG115-1
审核	申 林	申林	校对	王 浩	王浩	设计	刘 岩	刘岩	页	59

适用范围：1. 多高层钢结构、钢-混凝土混合结构中的钢框架；
2. 抗震设防地区及非抗震设防地区；
3. 梁柱节点宜采用短悬臂连接；
4. 当梁与柱直接连接时，且抗震设防烈度不宜高于7度。

节点参数表

参数名称	参数取值(mm) 限制值［参考值］
Lb	梁连接长度： max（300, xx） ［max（300, xx）］ xx—腹板拼接板长度/2+35

节点钢板厚度表

板厚符号	板厚取值(mm)	材质要求
t0	柱加劲肋厚度： 取各方向梁翼缘厚度的最大值。	与梁相同
tc	柱翼缘厚度： 当tc<t0时，在梁上下各500范围内取 tc=t0	与柱相同
t1	柱横隔板厚度：≥16	与柱相同

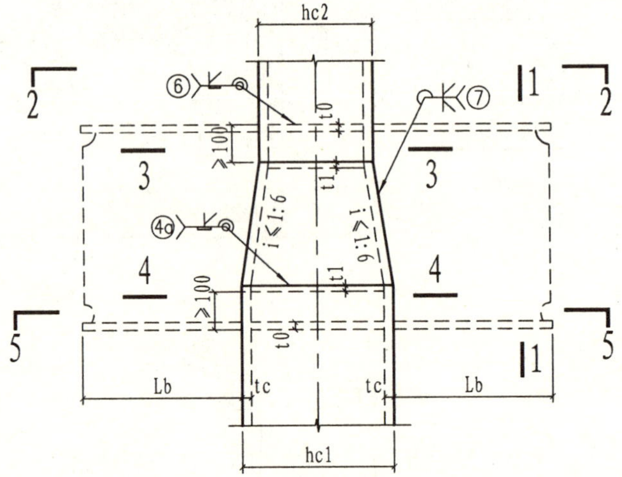

32 未标注焊缝为7号焊缝

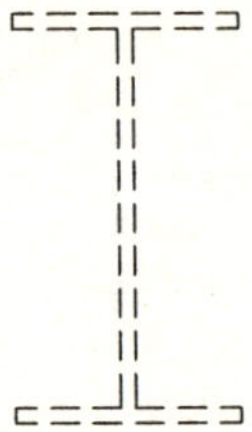

1-1

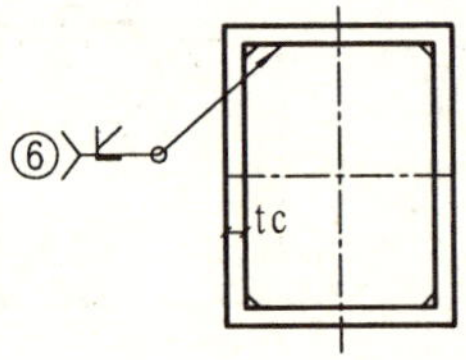

3-3

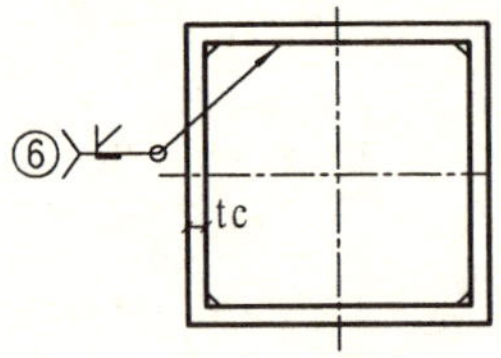

4-4

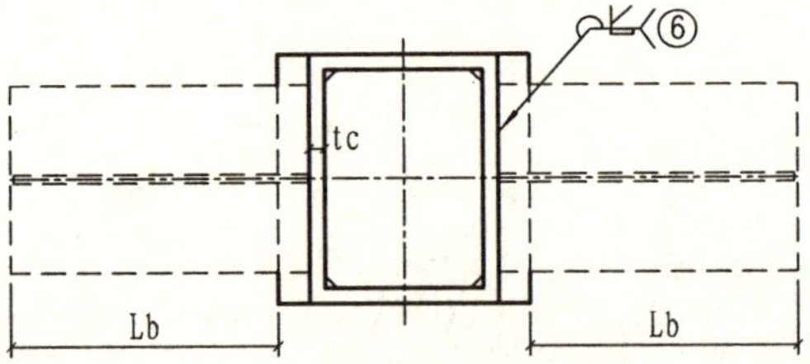

2-2

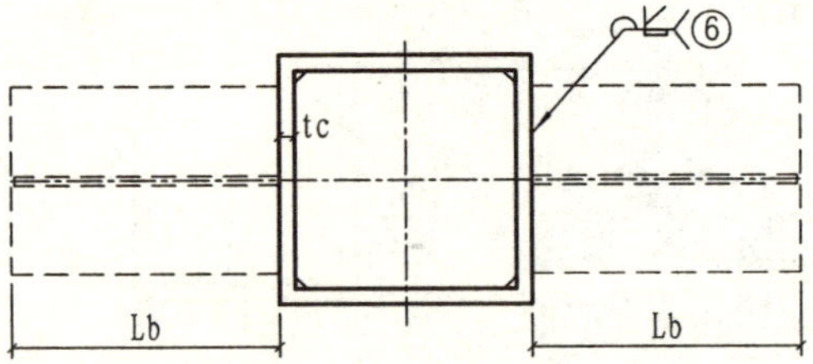

5-5

箱形柱变截面节点

图集号	08SG115-1
审核 申林 校对 王浩 设计 刘岩	页 60

适用范围：1. 多高层钢结构、钢-混凝土混合结构中的钢框架；
2. 抗震设防地区及非抗震设防地区；
3. 梁柱节点宜采用短悬臂连接；
4. 当梁与柱直接连接时，且抗震设防烈度不宜高于7度。

节点参数表

参数名称	参数取值(mm) 限制值［参考值］
Lb	梁连接长度：≥腹板拼接板长度/2+35［腹板拼接板长度/2+35］

节点钢板厚度表

板厚符号	板厚取值(mm)	材质要求
t0	柱加劲肋厚度：取各方向梁翼缘厚度的最大值。	与梁相同
tc	柱翼缘厚度：当tc<t0时，在梁上下各500范围内取 tc=t0。	与柱相同
t1	柱横隔板厚度：≥16	与柱相同

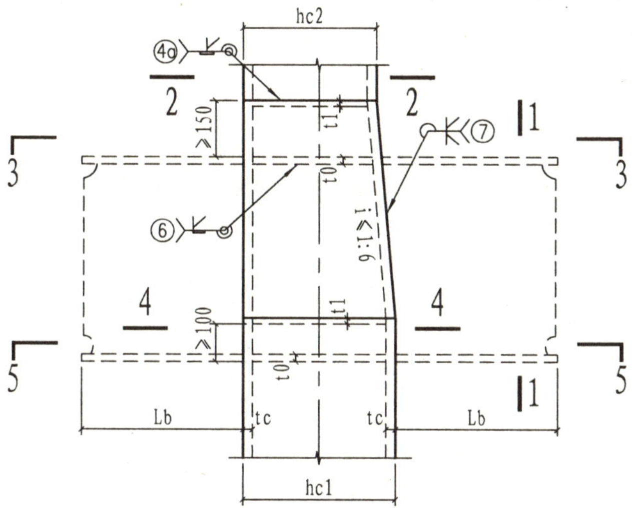

33 未标注焊缝为7号焊缝

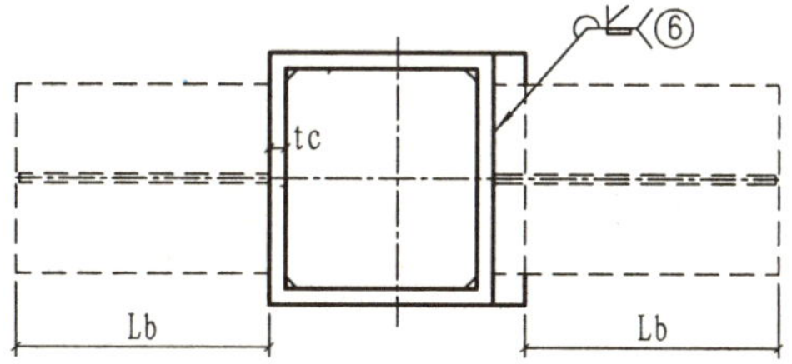

3-3

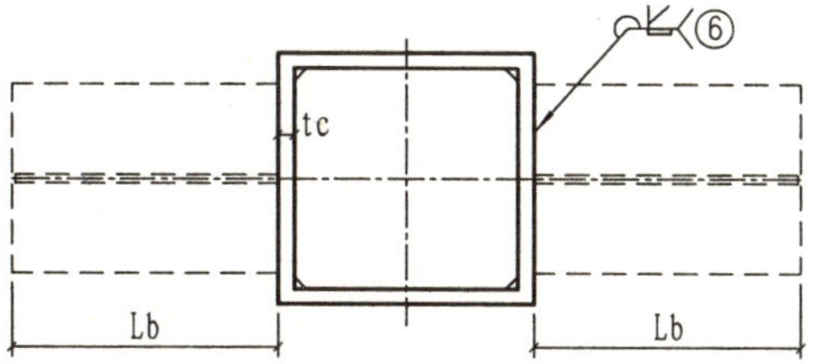

5-5

1-1

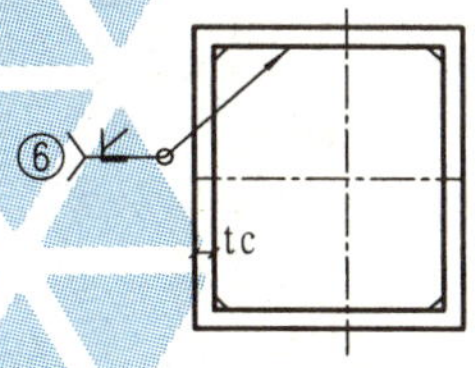

2-2

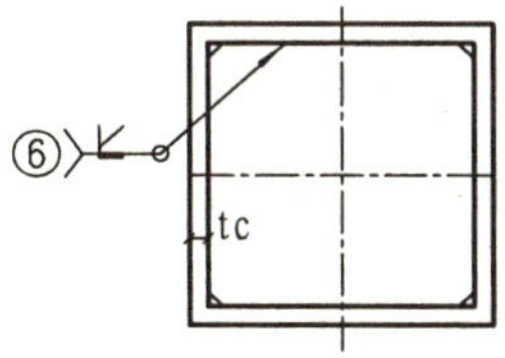

4-4

箱形柱变截面节点						图集号	08SG115-1
审核	申林	校对	王浩	设计	刘岩	页	61

适用范围：1. 多高层钢结构、钢-混凝土混合结构中的钢框架；
2. 抗震设防地区及非抗震设防地区；
3. 梁柱节点宜采用短悬臂连接；
4. 当梁与柱直接连接时，且抗震设防烈度不宜高于7度。

节点参数表

参数名称	参数取值(mm) 限制值［参考值］
Lb	梁连接长度：≥腹板拼接板长度/2+35［腹板拼接板长度/2+35］

节点钢板厚度表

板厚符号	板厚取值(mm)	材质要求
t0	柱加劲肋厚度：取各方向梁翼缘厚度的最大值。	与梁相同
tc	柱翼缘厚度：当tc<t0时，在梁上下各500范围内取 tc=t0。	与柱相同
t1	柱横隔板厚度：≥16	与柱相同

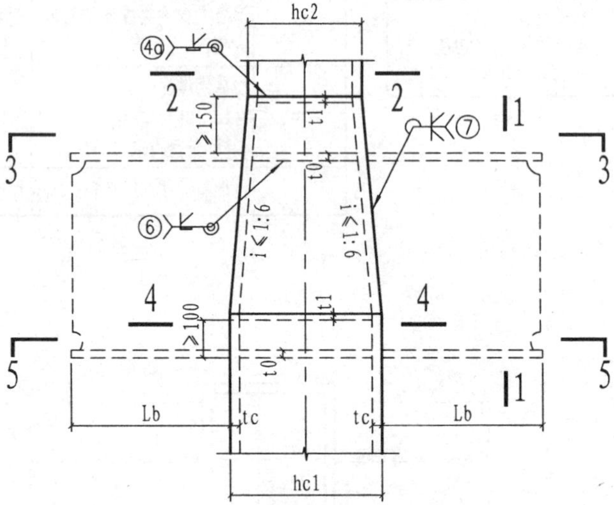

34 未标注焊缝为7号焊缝

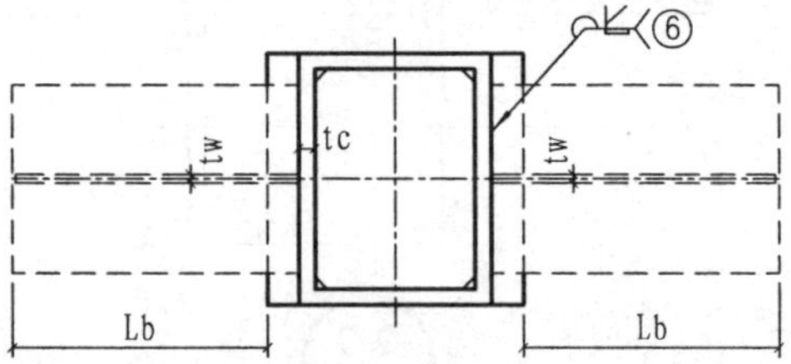

3-3

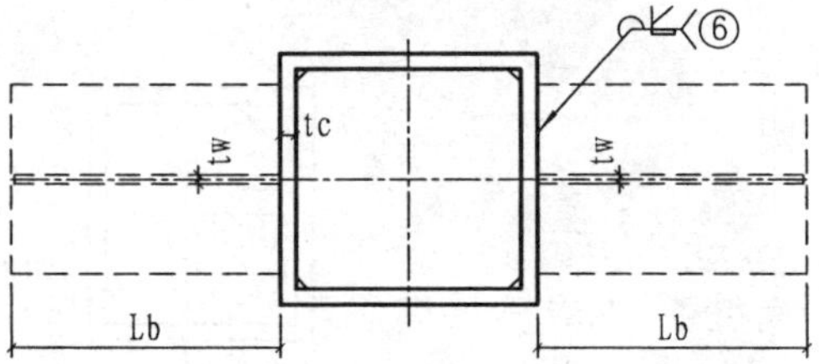

5-5

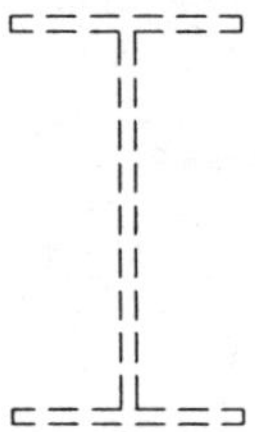

1-1

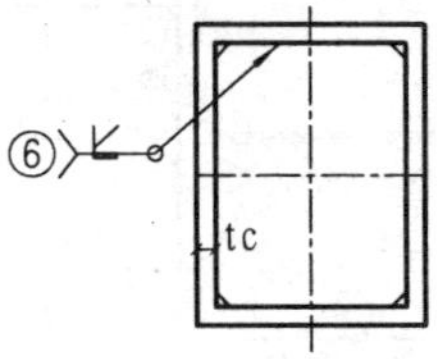

2-2

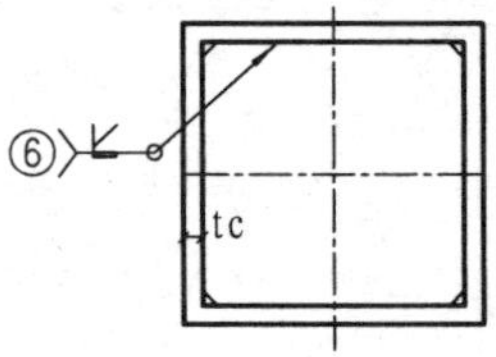

4-4

箱形柱变截面节点							图集号	08SG115-1
审核	申 林	申林	校对	王 浩	王浩	设计 刘 岩 刘岩	页	62

适用范围：1. 多高层钢结构、钢-混凝土混合结构中的钢框架；
2. 抗震设防地区及非抗震设防地区；
3. 柱截面壁厚不大于梁翼缘贯通板厚度；
4. 梁柱节点宜采用短悬臂连接；
5. 当梁与柱直接连接时，且抗震设防烈度不宜高于7度。

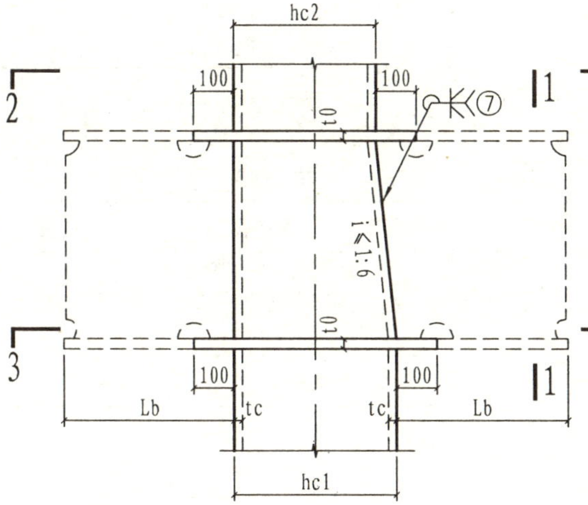

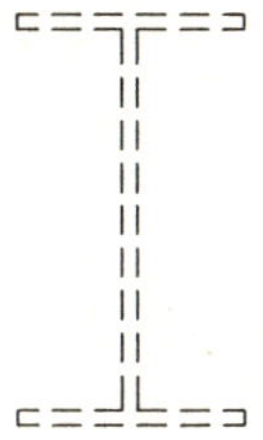

1-1

35 未标注焊缝为7号焊缝

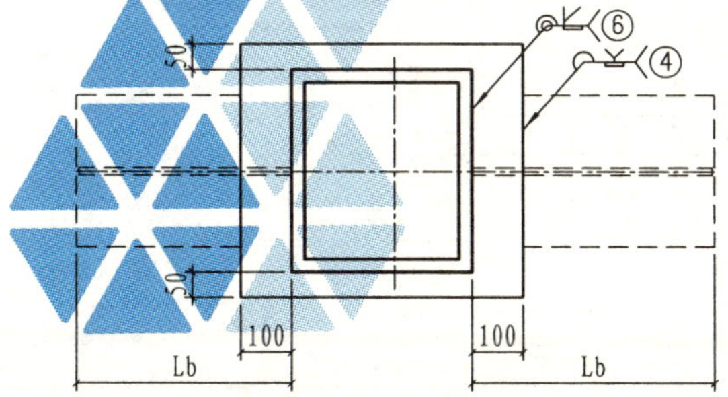

2-2

节点参数表

参数名称	参数取值(mm) 限制值［参考值］
Lb	梁连接长度： ≥max（300, xx） ［max（300, xx）］ xx—腹板拼接板长度/2+35

节点钢板厚度表

板厚符号	板厚取值(mm)	材质要求
t0	柱贯通隔板厚度： 取各方向梁翼缘厚度的最大值，且t0≥tc	与梁相同
tc	柱截面壁厚	

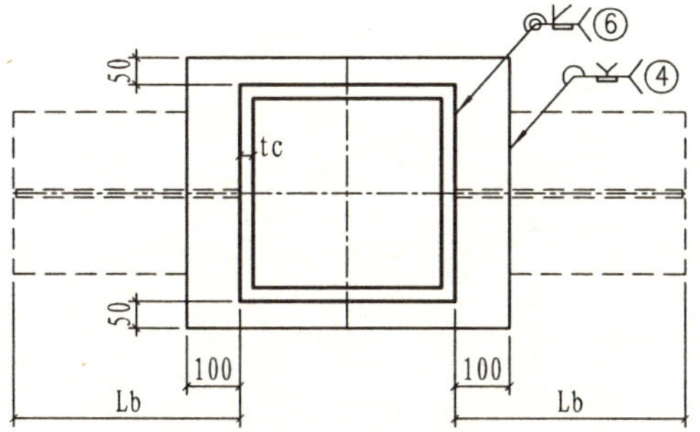

3-3

箱形柱变截面节点							图集号	08SG115-1
审核	申林	申林	校对	王浩	王浩	设计	刘岩	刘岩	页	63

适用范围：1. 多高层钢结构、钢-混凝土混合结构中的钢框架；
2. 抗震设防地区及非抗震设防地区；
3. 柱截面壁厚不大于梁翼缘贯通板厚度；
4. 梁柱节点宜采用短悬臂连接；
5. 当梁与柱直接连接时，且抗震设防烈度不宜高于7度。

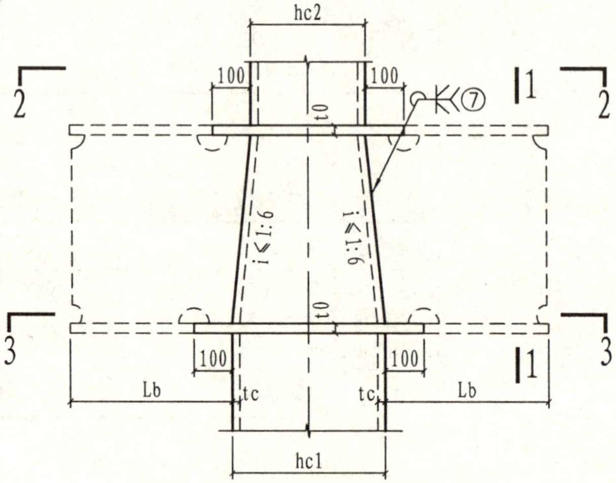

36 未标注焊缝为7号焊缝

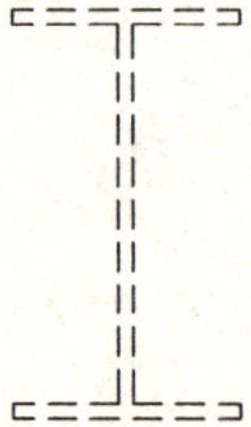

1-1

节点参数表

参数名称	参数取值(mm) 限制值［参考值］
Lb	梁连接长度： ≥max（300,xx） ［max（300,xx）］ xx—腹板拼接板长度/2+35

节点钢板厚度表

板厚符号	板厚取值(mm)	材质要求
t0	柱贯通隔板厚度： 取各方向梁翼缘厚度的最大值，且t0≥tc	与梁相同
tc	柱截面壁厚	

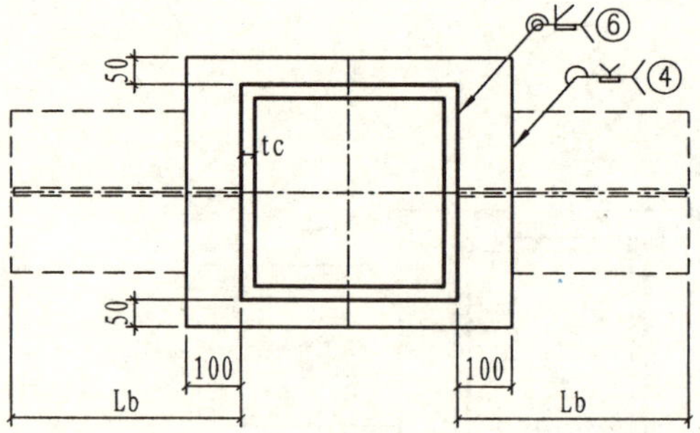

3-3

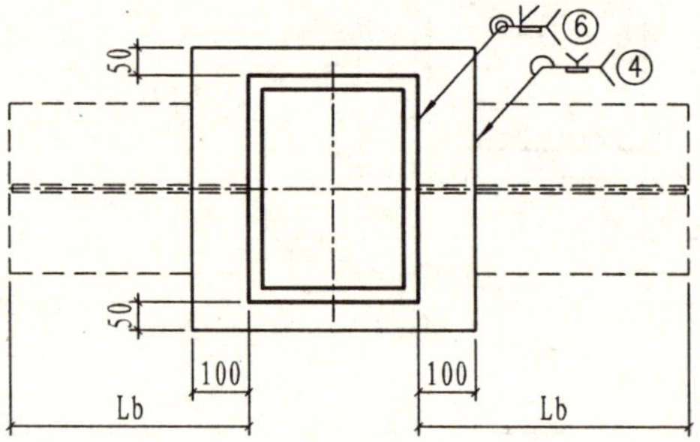

2-2

箱形柱变截面节点									图集号	08SG115-1
审核	申林	申林	校对	王浩	王浩	设计	刘岩	刘岩	页	64

适用范围：1. 多高层钢结构、钢-混凝土混合结构中的钢框架；
2. 抗震设防地区及非抗震设防地区；
3. 梁柱节点宜采用短悬臂连接；
4. 当梁与柱直接连接时，且抗震设防烈度不宜高于7度。

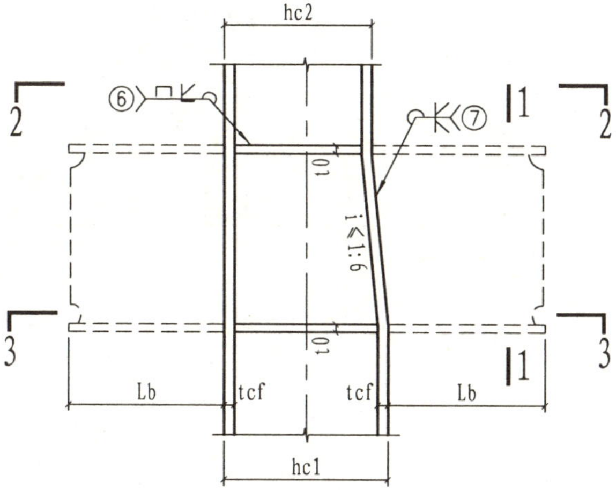

37 未标注焊缝为7号焊缝

1-1

节点参数表

参数名称	参数取值(mm) 限制值[参考值]
Lb	梁连接长度： ≥腹板拼接板长度/2+35 [腹板拼接板长度/2+35]

节点钢板厚度表

板厚符号	板厚取值(mm)	材质要求
t0	柱加劲肋厚度： 取各方向梁翼缘厚度的最大值。	与梁相同
tcf	柱翼缘厚度： 当tcf<t0时，在梁上下各500范围内取 tcf=t0	与柱相同
tcw	柱腹板厚度	与柱相同

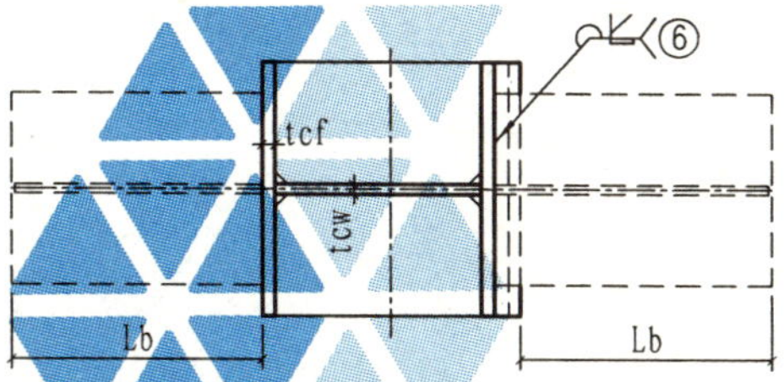

2-2

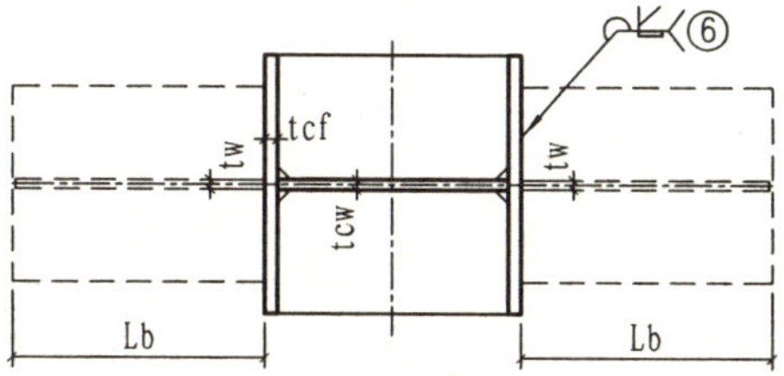

3-3

H形柱变截面节点						图集号	08SG115-1
审核	申 林	校对	王 浩	设计	刘 岩	页	65

适用范围：1. 多高层钢结构、钢-混凝土混合结构中的钢框架；
2. 抗震设防地区及非抗震设防地区；
3. 梁柱节点宜采用短悬臂连接；
4. 当梁与柱直接连接时，且抗震设防烈度不宜高于7度。

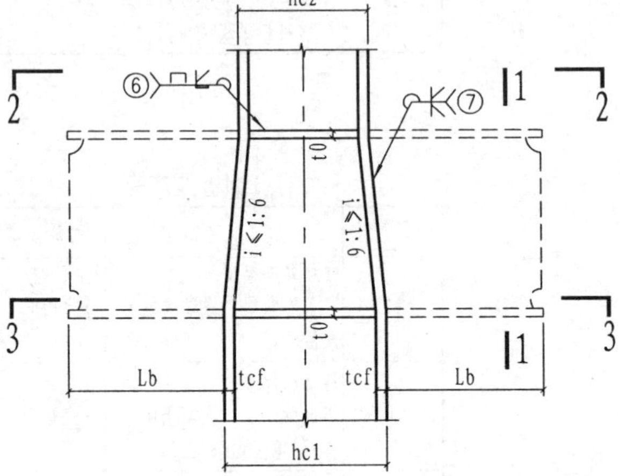

38 未标注焊缝为7号焊缝

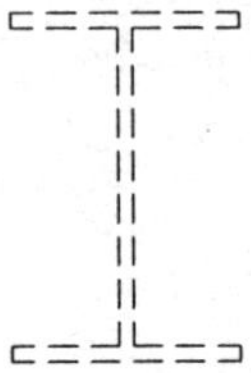

1-1

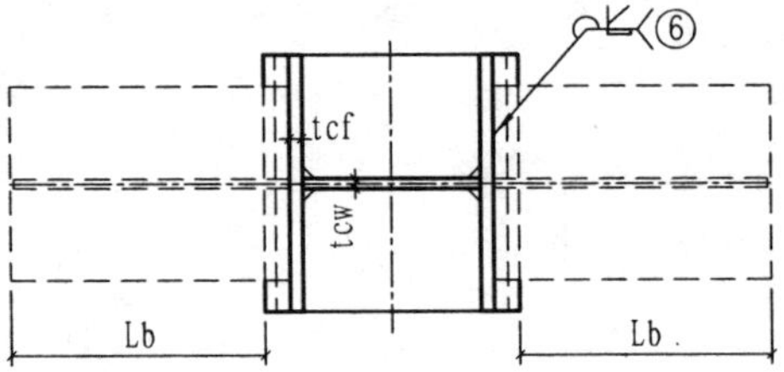

2-2

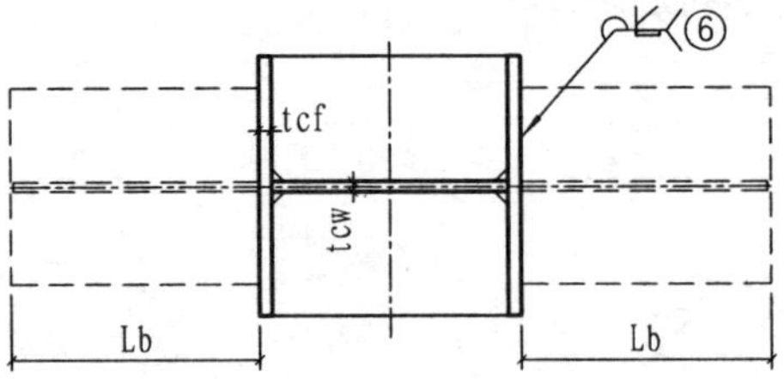

3-3

节点参数表

参数名称	参数取值(mm) 限制值［参考值］
Lb	梁连接长度： ≥腹板拼接板长度/2+35 ［腹板拼接板长度/2+35］

节点钢板厚度表

板厚符号	板厚取值(mm)	材质要求
t0	柱加劲肋厚度： 取各方向梁翼缘厚度的最大值。	与梁相同
tcf	柱翼缘厚度： 当tcf<t0时，在梁上下各500范围内取 tcf=t0	与柱相同
tcw	柱腹板厚度	与柱相同

适用范围：1. 多高层钢结构、钢-混凝土混合结构中的钢框架；
2. 抗震设防地区及非抗震设防地区；
3. 梁柱节点宜采用短悬臂连接；
4. 当梁与柱直接连接时，且抗震设防烈度不宜高于7度。

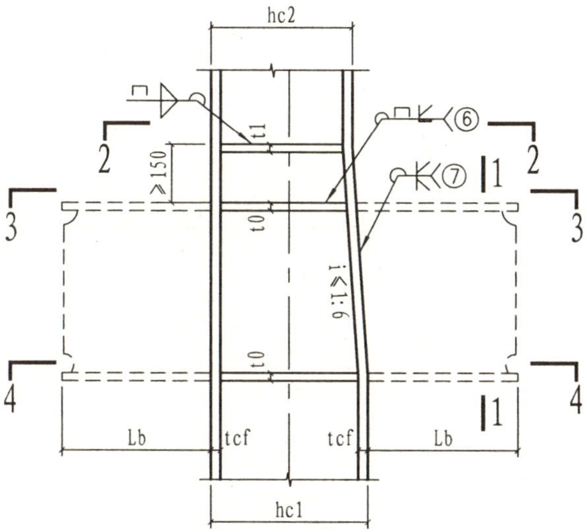

39 未标注焊缝为7号焊缝

1-1

节点参数表

参数名称	参数取值(mm) 限制值［参考值］
Lb	梁连接长度： ≥腹板拼接板长度/2+35 ［腹板拼接板长度/2+35］

节点钢板厚度表

板厚符号	板厚取值(mm)	材质要求
t0	柱加劲肋厚度： 取各方向梁翼缘厚度的最大值。	与梁相同
tcf	柱翼缘厚度： 当tcf<t0时，在梁上下各500范围内取 tcf=t0	与柱相同
tcw	柱腹板厚度	与柱相同
t1	柱横隔板厚度：≥12	与柱相同

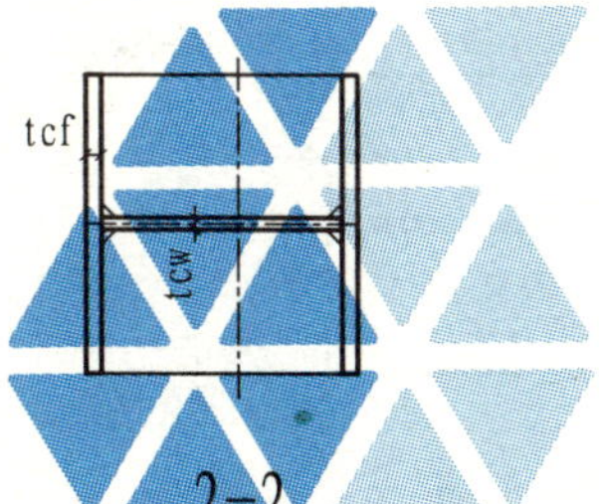

2-2

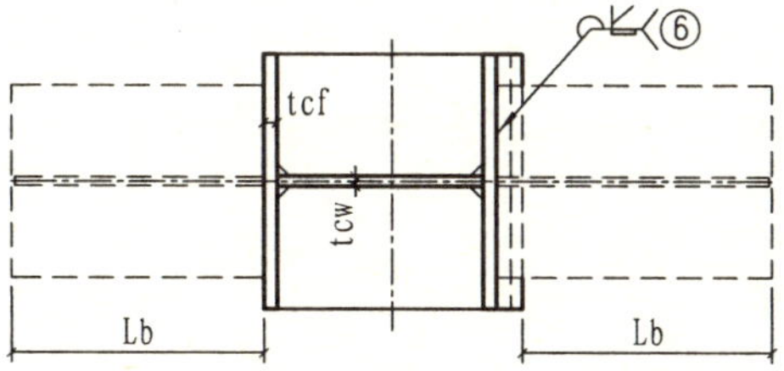

3-3

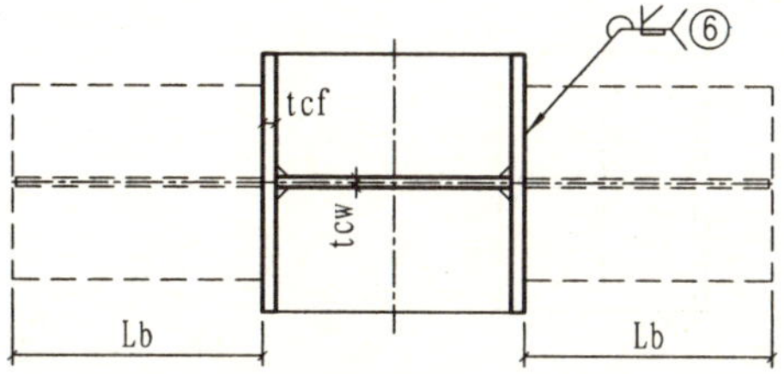

4-4

H形柱变截面节点								图集号	08SG115-1
审核	申 林	申林	校对	王 浩	王浩	设计	刘 岩	页	67

适用范围：1. 多高层钢结构、钢-混凝土混合结构中的钢框架；
2. 抗震设防地区及非抗震设防地区；
3. 梁柱节点宜采用短悬臂连接；
4. 当梁与柱直接连接时，且抗震设防烈度不宜高于7度。

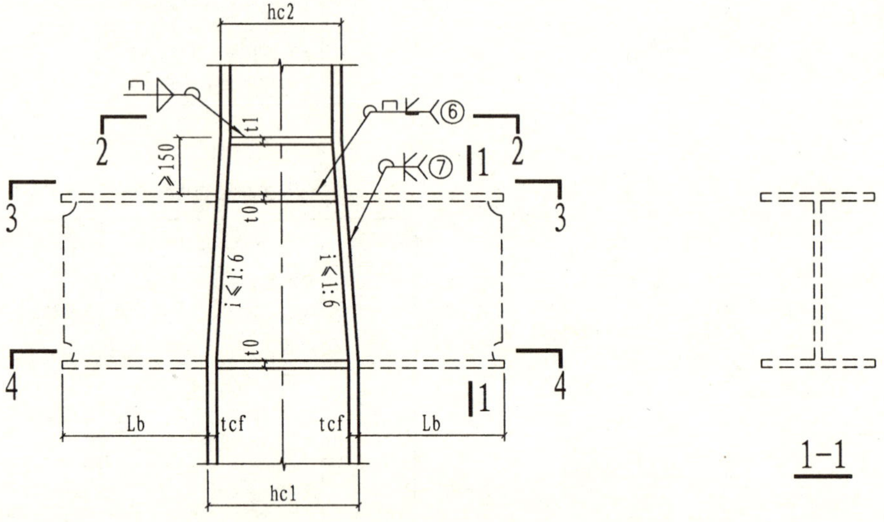

40 未标注焊缝为7号焊缝

节点参数表

参数名称	参数取值(mm) 限制值[参考值]
Lb	梁连接长度： ≥腹板拼接板长度/2+35 [腹板拼接板长度/2+35]

节点钢板厚度表

板厚符号	板厚取值(mm)	材质要求
t0	柱加劲肋厚度： 取各方向梁翼缘厚度的最大值。	与梁相同
tcf	柱翼缘厚度： 当tcf<t0时，在梁上下各500范围内取 tcf=t0	与柱相同
tcw	柱腹板厚度	与柱相同
t1	柱横隔板厚度：≥12	与柱相同

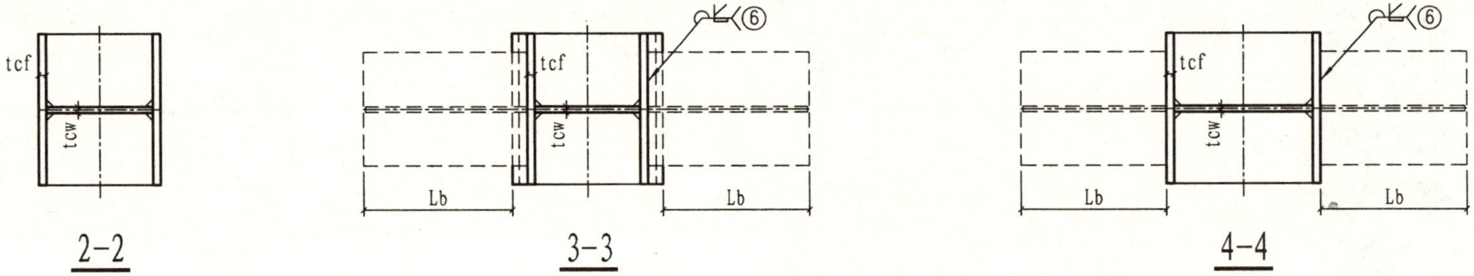

H形柱变截面节点

图集号	08SG115-1
审核 申林 校对 王浩 设计 刘岩	页 68

适用范围：1. 多高层钢结构、钢-混凝土混合结构中的钢框架；
2. 抗震设防地区及非抗震设防地区；
3. 梁柱节点宜采用短悬臂连接；
4. 当梁与柱直接连接时，且抗震设防烈度不宜高于7度。

节点钢板厚度表

板厚符号	板厚取值(mm)	材质要求
t0	取各方向梁翼缘厚度的最大值。	与梁相同
tcf	柱翼缘厚度	与柱相同
tcw	柱腹板厚度：当tcw<0.8t0时，在梁上下各500范围内取tcw=0.8t0	与柱相同

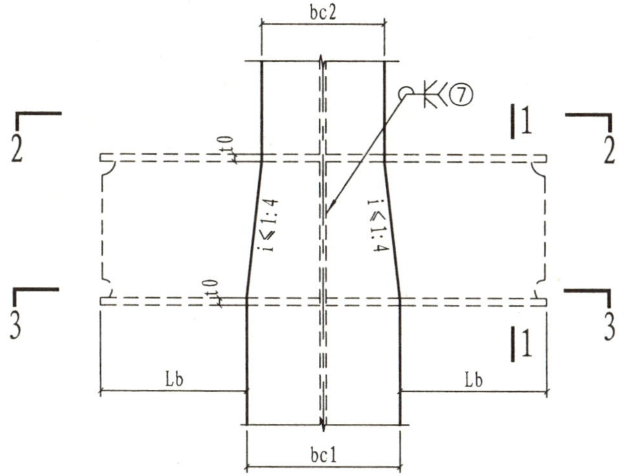

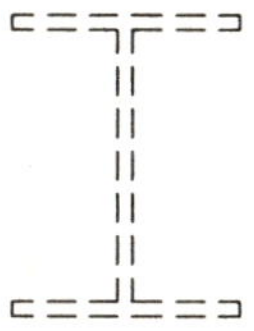

1-1

(41) 未标注焊缝为7号焊缝

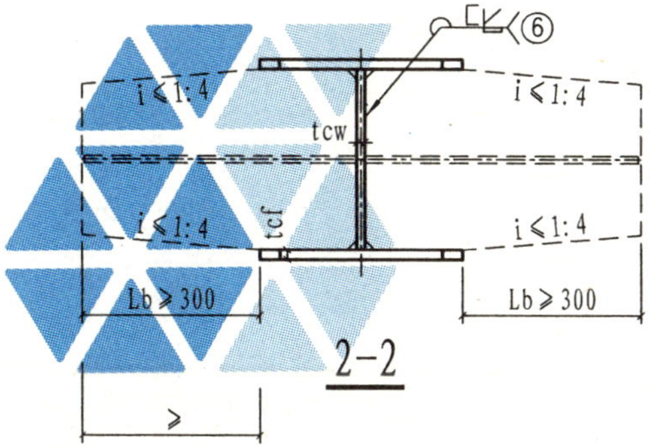

2-2

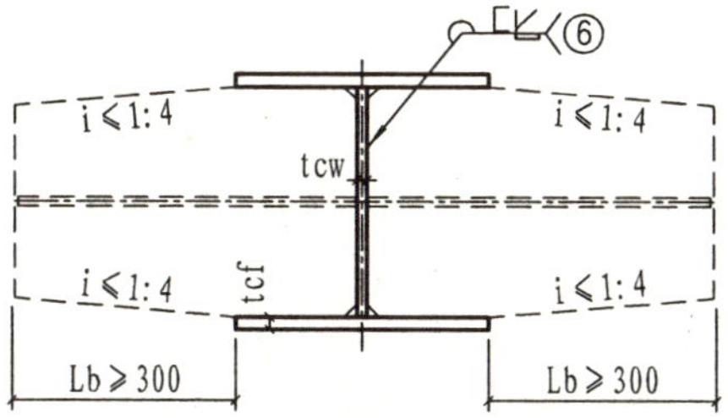

3-3

H形柱变截面节点	图集号	08SG115-1
审核 申林 校对 王浩 设计 刘岩	页	69

适用范围：1. 多高层钢结构、钢-混凝土混合结构中的钢框架；
2. 抗震设防地区及非抗震设防地区；
3. 梁柱节点宜采用短悬臂连接；
4. 当梁与柱直接连接时，且抗震设防烈度不宜高于7度。

节点钢板厚度表

板厚符号	板厚取值(mm)	材质要求
t0	取各方向梁翼缘厚度的最大值。	与梁相同
tcf	柱翼缘厚度	与柱相同
tcw	柱腹板厚度：当tcw<0.8t0时，在梁上下各500范围内取tcw=0.8t0	与柱相同

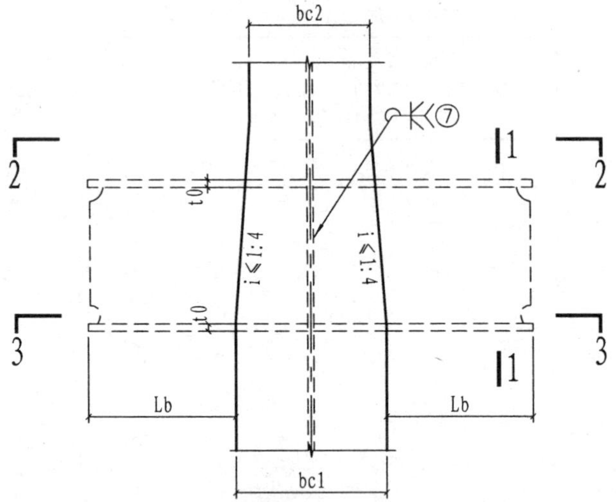

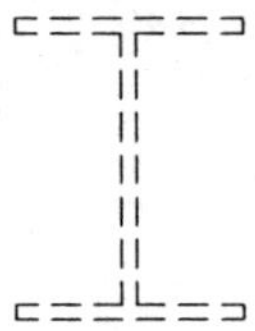

1-1

42 未标注焊缝为7号焊缝

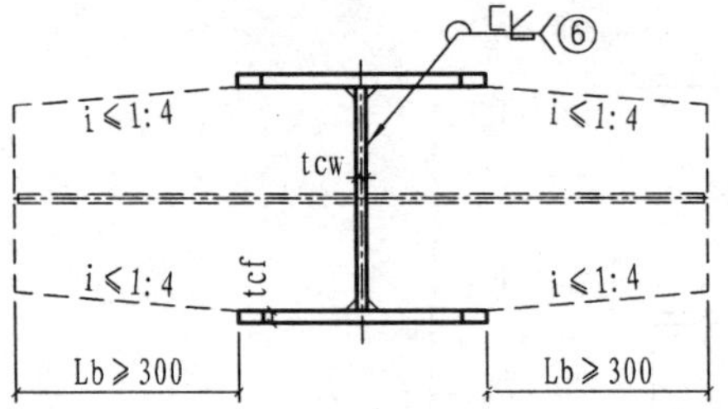

2-2

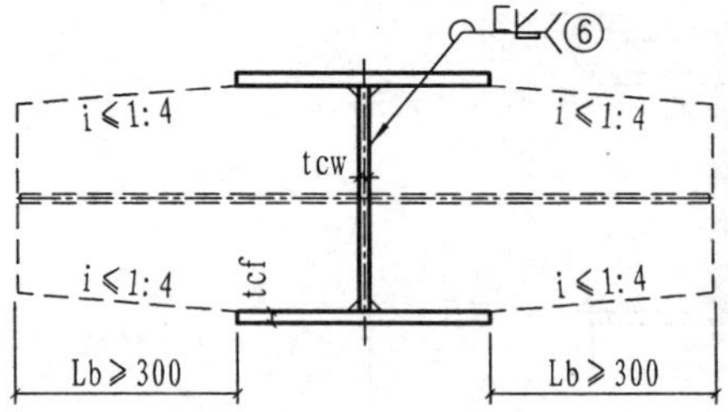

3-3

H形柱变截面节点									图集号	08SG115-1
审核	申 林	申林	校对	王 浩	王浩	设计	刘 岩	刘岩	页	70

适用范围：1. 多高层钢结构、钢-混凝土混合结构中的钢框架；
2. 抗震设防地区及非抗震设防地区；
3. 柱截面壁厚不大于梁翼缘贯通板厚度；
4. 梁柱节点宜采用短悬臂连接；
5. 当梁与柱直接连接时，且抗震设防烈度不宜高于7度。

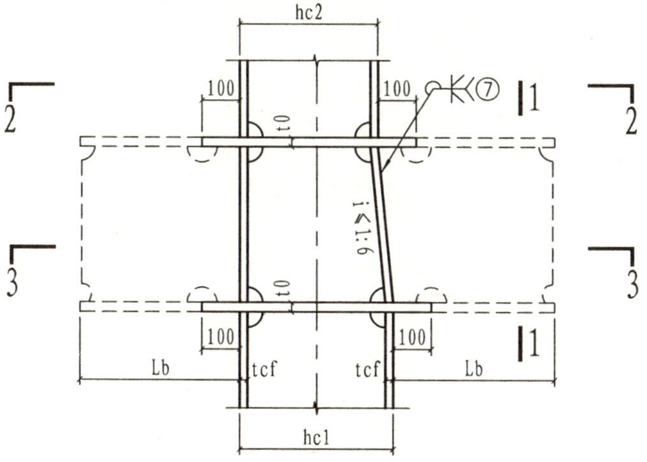

43 未标注焊缝为7号焊缝

节点参数表

参数名称	参数取值(mm) 限制值[参考值]
Lb	梁连接长度： ≥max（300,xx） [max（300,xx）] xx—腹板拼接板长度/2+35

节点钢板厚度表

板厚符号	板厚取值(mm)	材质要求
t0	柱贯通隔板厚度： 取各方向梁tf的最大值， 且t0≥tcf	与梁相同
tcf	柱翼缘厚度	与柱相同
tcw	柱腹板厚度	与柱相同

1-1

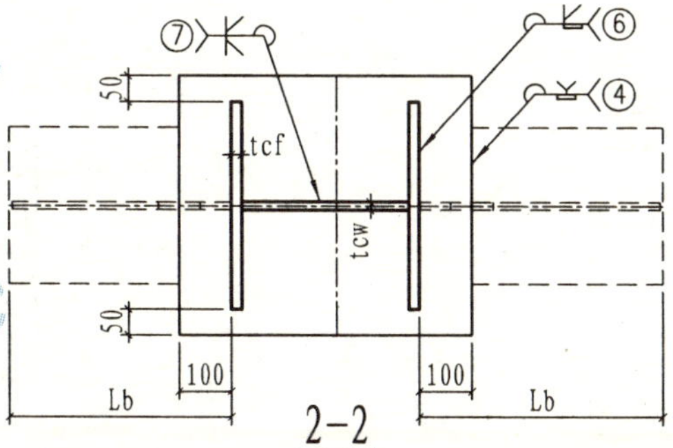

2-2

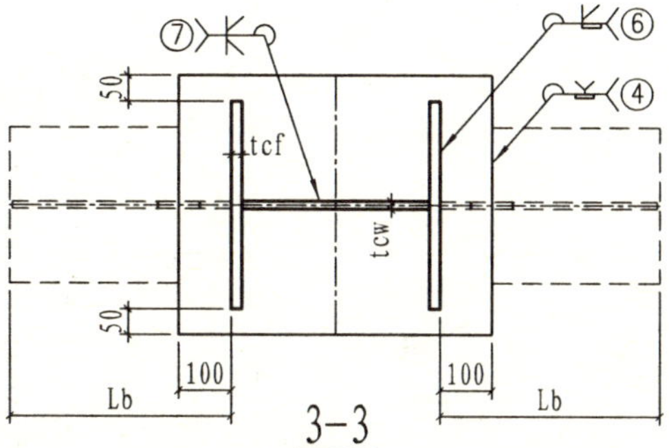

3-3

H形柱变截面节点									图集号	08SG115-1
审核	申林	申林	校对	王浩	王浩	设计	刘岩	刘岩	页	71

适用范围：1. 多高层钢结构、钢-混凝土混合结构中的钢框架；
2. 抗震设防地区及非抗震设防地区；
3. 柱截面壁厚不大于梁翼缘贯通板厚度；
4. 梁柱节点宜采用短悬臂连接；
5. 当梁与柱直接连接时，且抗震设防烈度不宜高于7度。

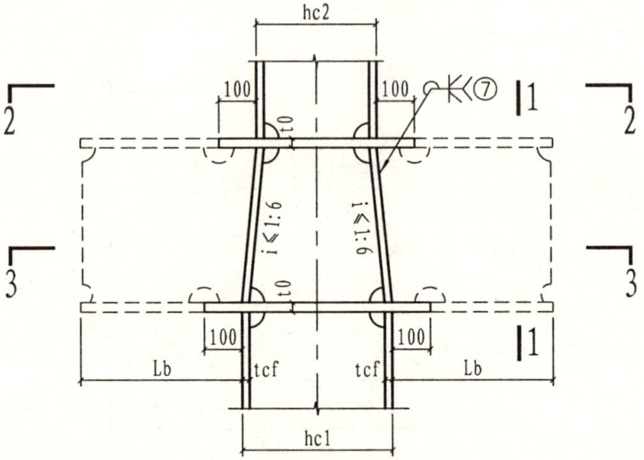

44 未标注焊缝为7号焊缝

节点参数表

参数名称	参数取值(mm) 限制值［参考值］
Lb	梁连接长度： ≥max（300, xx） ［max（300, xx）］ xx—腹板拼接板长度/2+35

节点钢板厚度表

板厚符号	板厚取值(mm)	材质要求
t0	柱贯通隔板厚度： 取各方向梁tf的最大值， 且t0≥tcf	与梁相同
tcf	柱翼缘厚度	与柱相同
tcw	柱腹板厚度	与柱相同

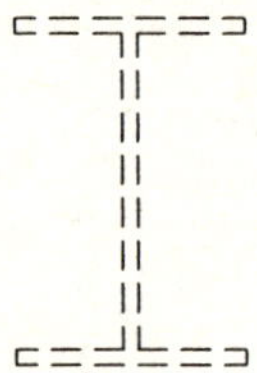

1-1

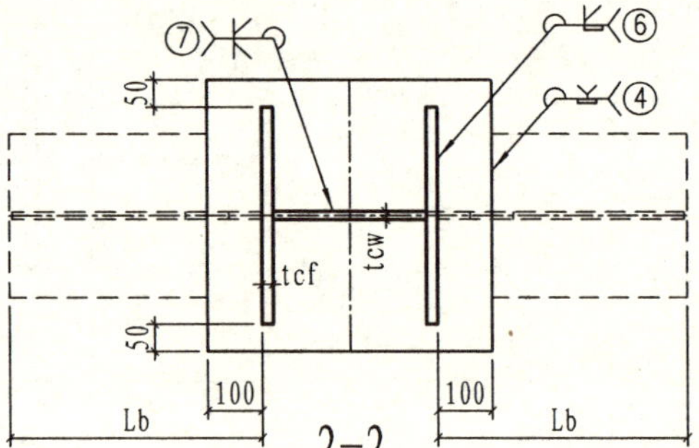

2-2

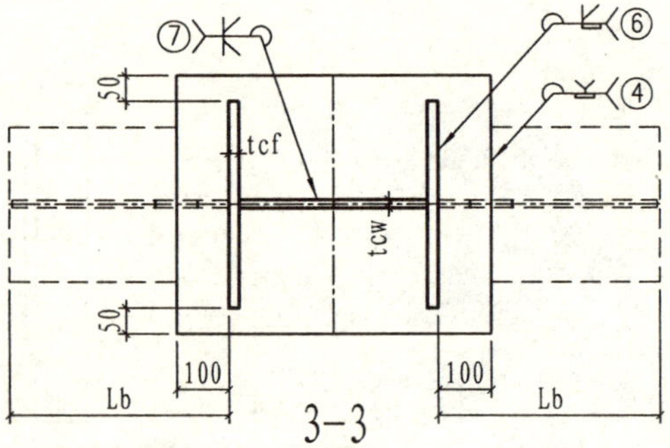

3-3

H形柱变截面节点									图集号	08SG115-1
审核	申林	申林	校对	王浩	王浩	设计	刘岩	刘岩	页	72

适用范围：1. 多高层钢结构、钢-混凝土混合结构中的钢框架；
2. 抗震设防地区及非抗震设防地区；
3. 柱截面壁厚不大于梁翼缘贯通板厚度；
4. 梁柱节点宜采用短悬臂连接；
5. 当梁与柱直接连接时，且抗震设防烈度不宜高于7度。

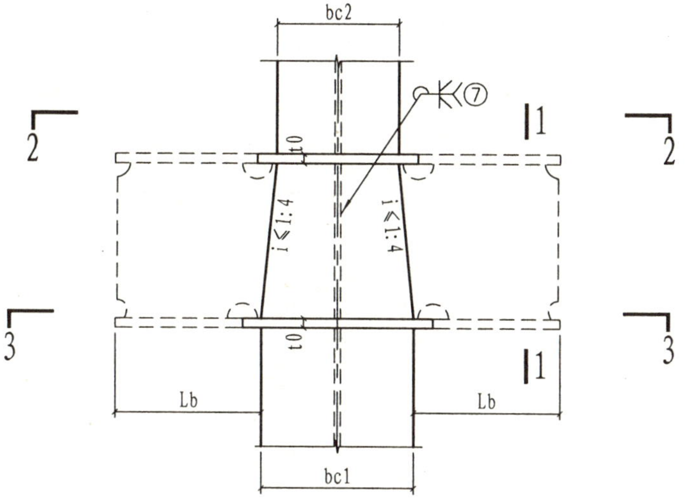

节点参数表

参数名称	参数取值(mm) 限制值［参考值］
Lb	梁连接长度： ≥max（300, xx） ［max（300, xx）］ xx—腹板拼接板长度/2+35

节点钢板厚度表

板厚符号	板厚取值(mm)	材质要求
t0	柱贯通隔板厚度： 取各方向梁tf的最大值， 且t0≥tcf	与梁相同
tcf	柱翼缘厚度	
tcw	柱腹板厚度	

45 未标注焊缝为7号焊缝

1-1

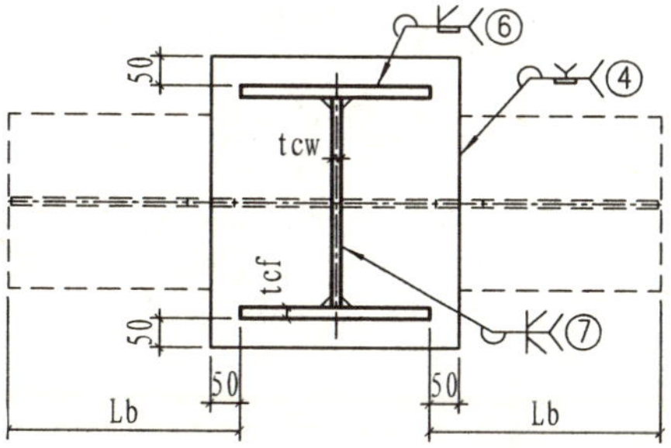

2-2

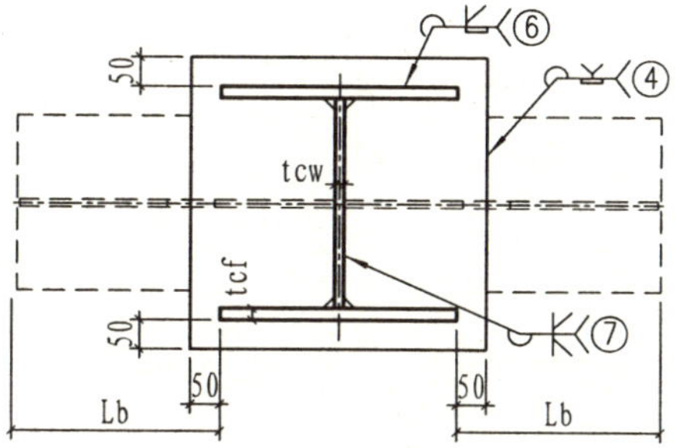

3-3

H形柱变截面节点								图集号	08SG115-1
审核	申林	申林	校对	王浩	王浩	设计	刘岩	刘岩	页	73

适用范围： 1. 多高层钢结构、钢-混凝土混合结构中的钢框架中的支撑；
2. 抗震设防地区及非抗震设防地区。

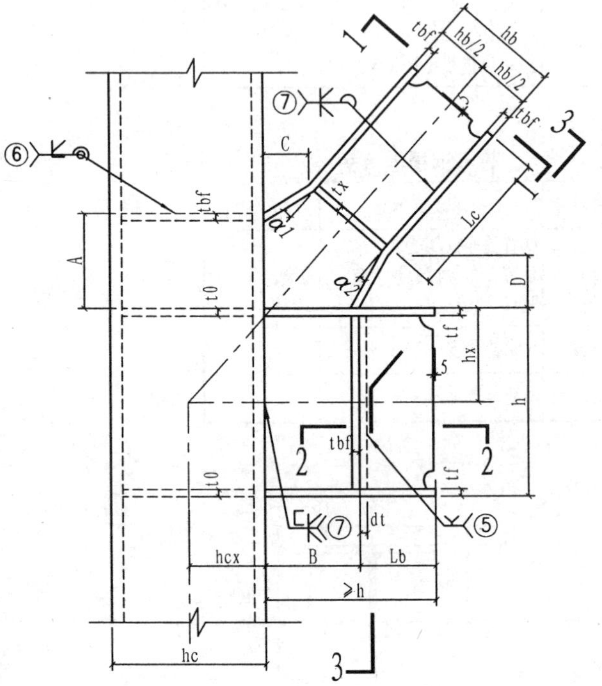

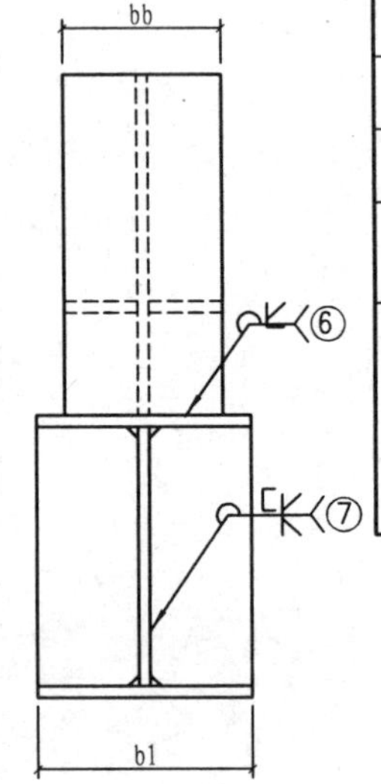

3-3

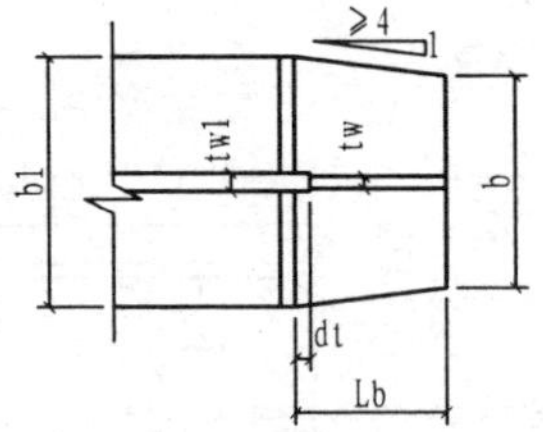

2-2

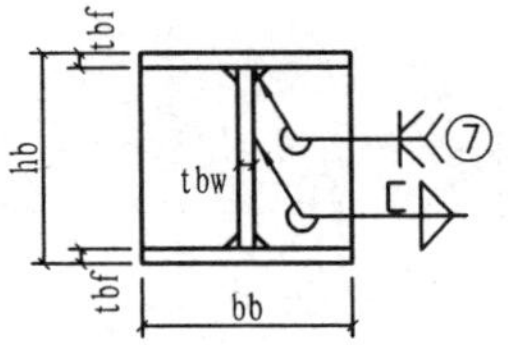

1-1

节点钢板厚度表

板厚符号	板厚取值(mm)	材质要求
tbf	同支撑翼缘厚度	与支撑相同
tbw	同支撑腹板厚度	与支撑相同
tf	同梁翼缘厚度	与梁相同
tw	同梁腹板厚度	与梁相同
tw1	max(tbw, tw)	与梁相同
t0	柱加劲肋厚度：取各方向tf的最大值。	与梁相同
tx	支撑加劲肋厚度：max（α1、α2）≤30° 时，tx≥0.5tbf；max（α1、α2）≤45° 时，tx≥0.7tbf	与支撑相同

节点参数表

参数名称	参数取值(mm) 限制值［参考值］
A、B	≥150
C、D	≥100
hc	柱截面高度
hcx	0.25～0.7hc［0.5hc］
h	同梁截面高度
hx	0.25～0.7h［0.5h］
bb	同支撑翼缘宽度
hb	同支撑腹板方向高度
b	同梁翼缘宽度
b1	≥max(bb, b)［max(bb, b)］
Lb/Lc	梁/支撑连接长度：≥（梁腹板或支撑拼接板长度）/2+35［（梁腹板或支撑拼接板长度）/2+35］
dt	max(1.5tw1, 20)［max(1.5tw1, 20)］
α1、α2	0°～45°

46

未标注焊缝为7号焊缝

箱形柱-支撑节点						图集号	08SG115-1
审核 申林	申林	校对 刘岩	刘岩	设计 王浩	王浩	页	74

适用范围： 1. 多高层钢结构、钢-混凝土混合结构中的钢框架中的支撑；
2. 抗震设防地区及非抗震设防地区。

节点钢板厚度表

板厚符号	板厚取值(mm)	材质要求
tbf	同支撑翼缘厚度	与支撑相同
tbw	同支撑腹板厚度	与支撑相同
tf	同梁翼缘厚度	与梁相同
tw	同梁腹板厚度	与梁相同
tw1	max(tbw, tw)	与梁相同
t0	柱加劲隔板厚度：取各方向梁翼缘厚度tf的最大值。	与梁相同

节点参数表

参数名称	参数取值(mm) 限制值[参考值]
A，B	≥150
C，D	≥100
hc	柱截面高度
hcx	0.25～0.7hc[0.5hc]
h	同梁截面高度
hx	0.25～0.7h[0.5h]
bb	同支撑翼缘宽度
hb	同支撑腹板方向高度，hb≥bb
b	同梁段翼缘宽度
L	支撑转轴连接长度：≥hb[hb]
b1	≥max(hb+50, b) [max(hb+50, b)]
Lb/Lc	梁/支撑连接长度：≥（梁腹板或支撑拼接板长度）/2+35 [（梁腹板或支撑拼接板长度）/2+35]
dt	max(1.5tw1, 20) [max(1.5tw1, 20)]
α1、α2	0°～45°

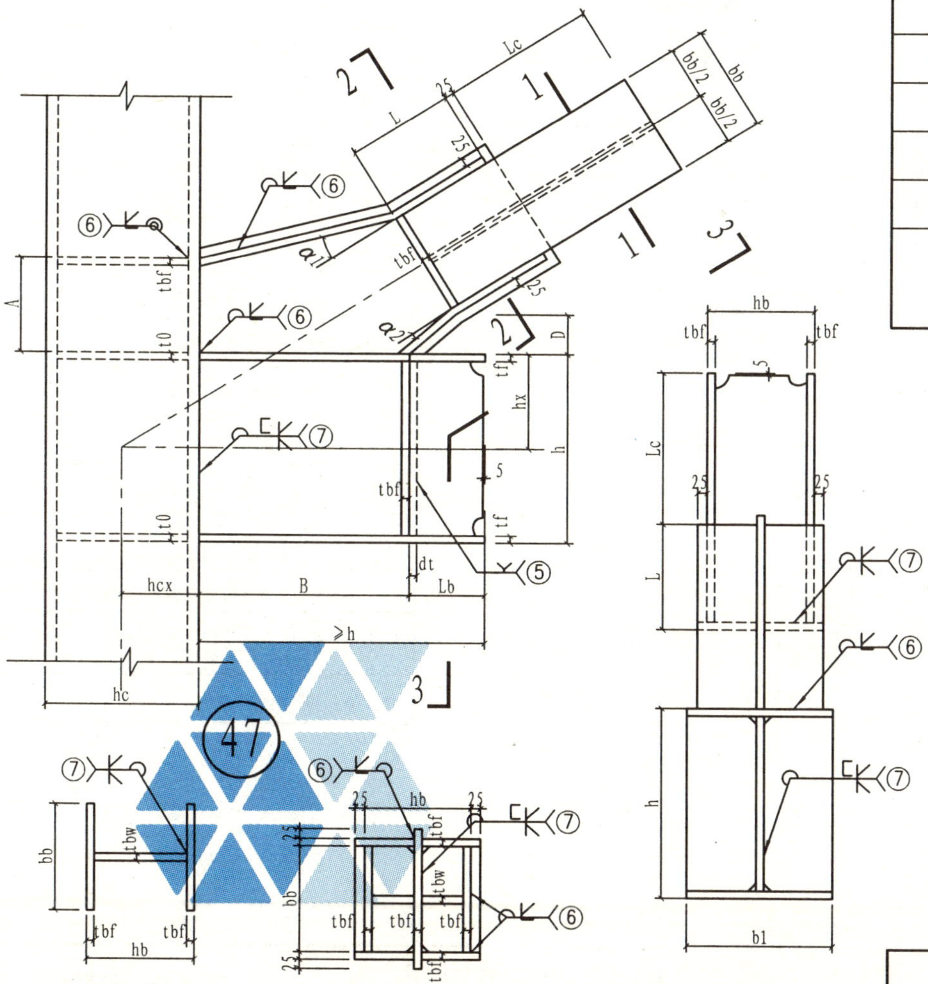

1-1　2-2　3-3

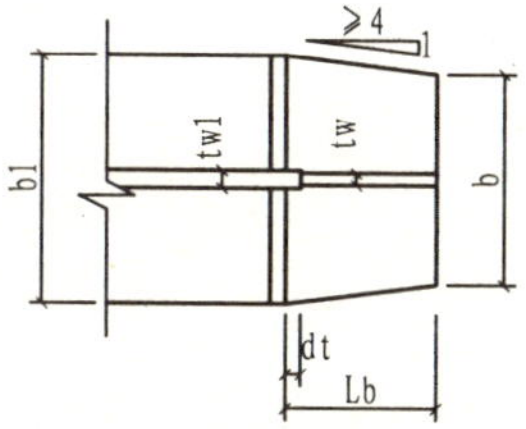

4-4

未标注焊缝为7号焊缝

箱形柱-支撑节点							图集号	08SG115-1
审核	申林	校对	刘岩	设计	王浩		页	75

适用范围：1. 多高层钢结构、钢-混凝土混合结构中的钢框架中的支撑；
2. 抗震设防地区及非抗震设防地区。

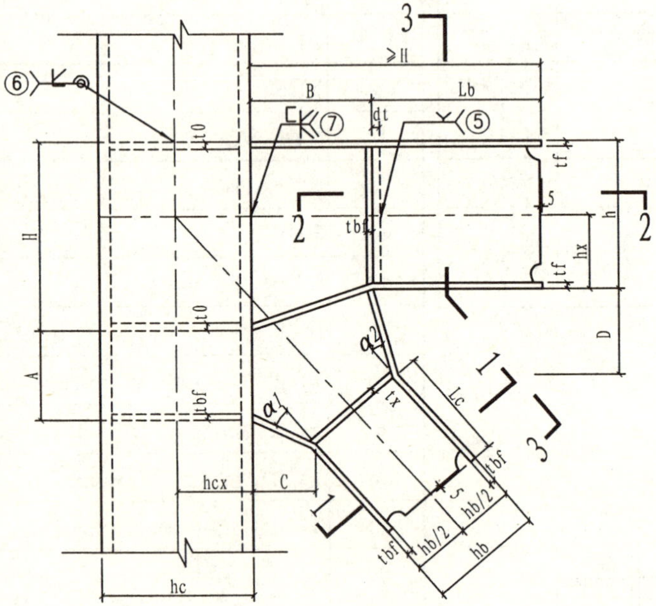

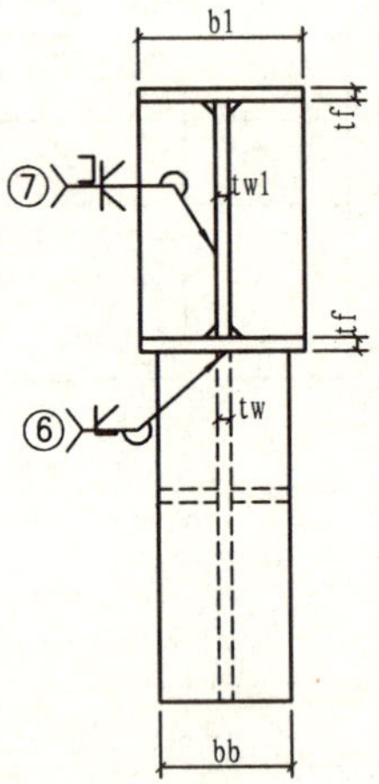

3-3

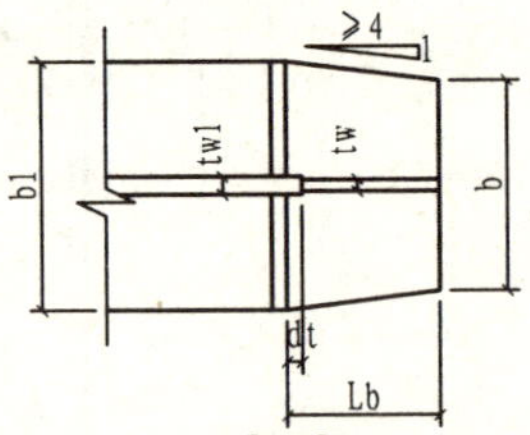

2-2

48 未标注焊缝为7号焊缝

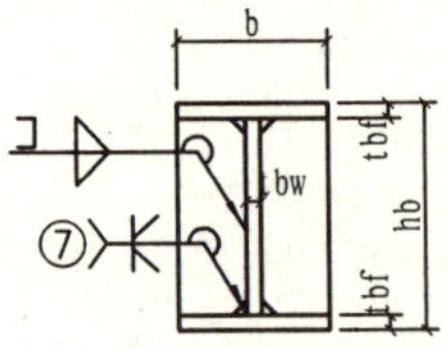

1-1

节点钢板厚度表

板厚符号	板厚取值(mm)	材质要求
tbf	同支撑翼缘厚度	与支撑相同
tbw	同支撑腹板厚度	与支撑相同
tf	同梁翼缘厚度	与梁相同
tw	同梁腹板厚度	与梁相同
tw1	max(tbw, tw)	与梁相同
t0	柱加劲肋厚度： 取各方向tf的最大值。	与梁相同
tx	支撑加劲肋厚度： max（α1、α2）≤30° 时，tx≥0.5tbf； max（α1、α2）≤45° 时，tx≥0.7tbf	与支撑相同

节点参数表

参数名称	参数取值(mm) 限制值［参考值］
A、B	≥150
C、D	≥100
hc	柱截面高度
hcx	0.25～0.7hc［0.5hc］
h	同梁截面高度
hx	0.25～0.7h［0.5h］
bb	同支撑翼缘宽度
hb	同支撑腹板方向高度
b	同梁翼缘宽度
b1	≥max(bb, b)［max(bb, b)］
Lb/Lc	梁/支撑连接长度： ≥（梁腹板或支撑拼接板长度）/2+35 ［（梁腹板或支撑拼接板长度）/2+35］
dt	max(1.5tw1, 20) ［max(1.5tw1, 20)］
α1、α2	0°～45°

箱形柱-支撑节点

图集号	08SG115-1
审核 申林 校对 刘岩 设计 王浩	页 76

适用范围：1. 多高层钢结构、钢-混凝土混合结构中的钢框架中的支撑；
2. 抗震设防地区及非抗震设防地区。

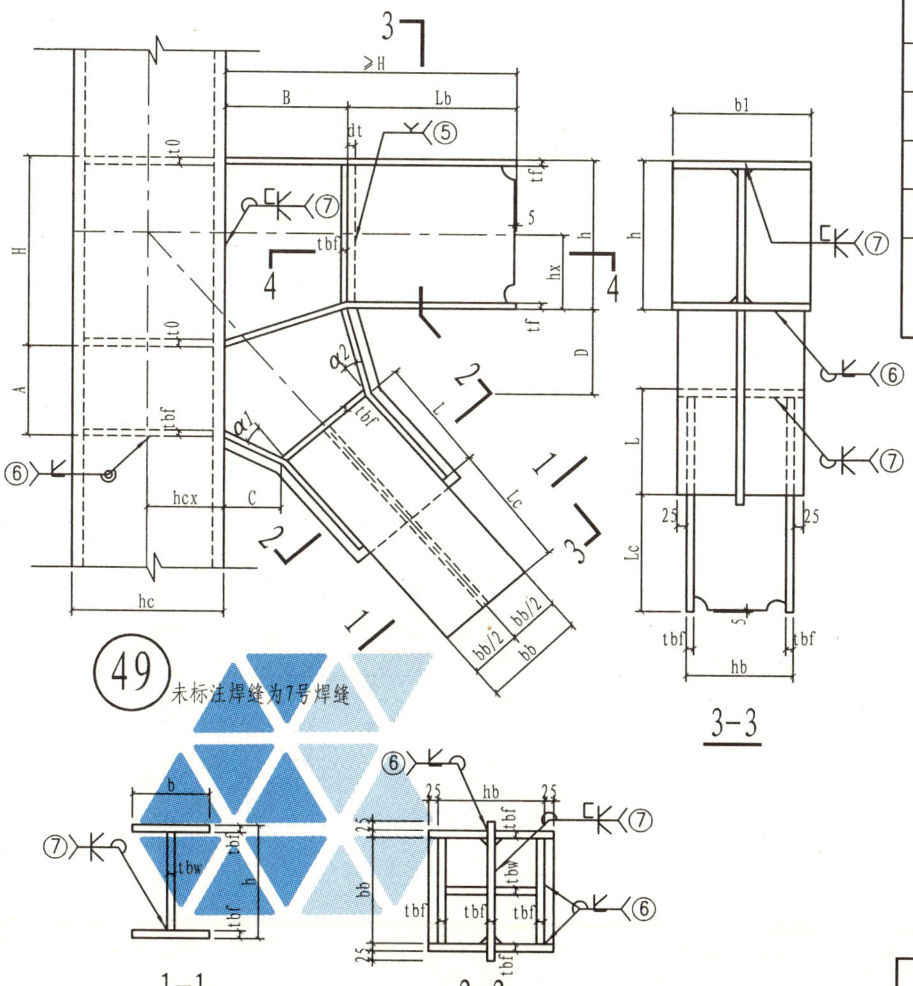

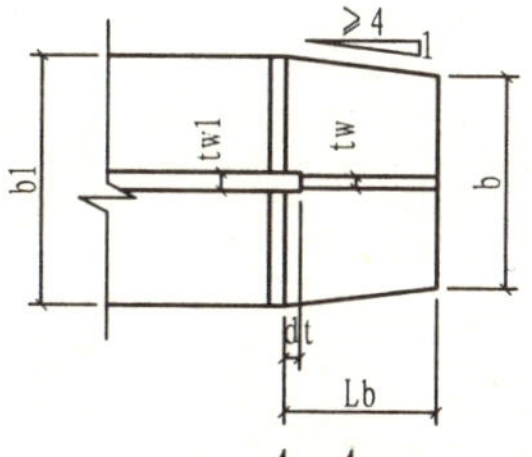

节点钢板厚度表

板厚符号	板厚取值(mm)	材质要求
tbf	同支撑翼缘厚度	与支撑相同
tbw	同支撑腹板厚度	与支撑相同
tf	同梁翼缘厚度	与梁相同
tw	同梁腹板厚度	与梁相同
tw1	max(tbw, tw)	与梁相同
t0	柱加劲隔板厚度：取各方向梁翼缘厚度tf的最大值。	与梁相同

节点参数表

参数名称	参数取值(mm) 限制值[参考值]
A，B	⩾150
C，D	⩾100
hc	柱截面高度
hcx	0.25～0.7hc[0.5hc]
h	同梁截面高度
hx	0.25～0.7h[0.5h]
bb	同支撑翼缘宽度
hb	同支撑腹板方向高度，hb⩾bb
b	同梁段翼缘宽度
L	支撑转轴连接长度：⩾hb[hb]
b1	⩾max(hb+50, b)　[max(hb+50, b)]
Lb/Lc	梁/支撑连接长度：⩾（梁腹板或支撑拼接板长度）/2+35 [（梁腹板或支撑拼接板长度）/2+35]
dt	max(1.5tw1, 20) [max(1.5tw1, 20)]
α1、α2	0°～45°

箱形柱-支撑节点

图集号	08SG115-1

审核 申林　校对 刘岩　设计 王浩　页 77

适用范围： 1. 多高层钢结构、钢-混凝土混合结构中的钢框架中的支撑；
2. 抗震设防地区及非抗震设防地区。

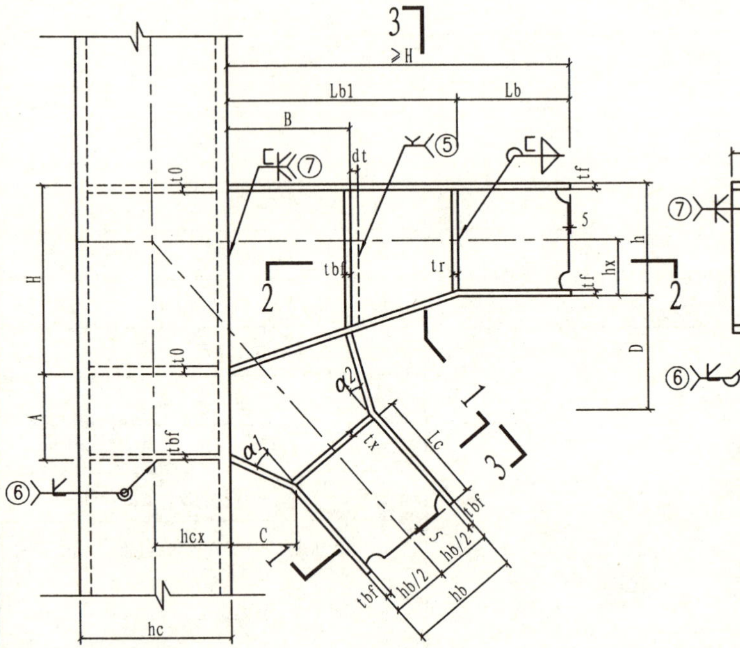

50

未标注焊缝为7号焊缝

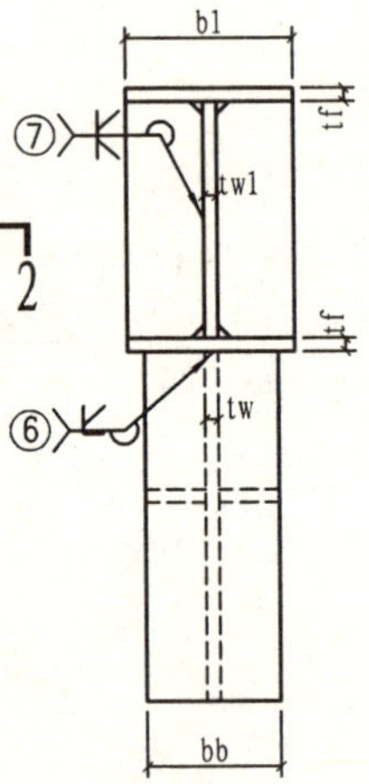

3-3

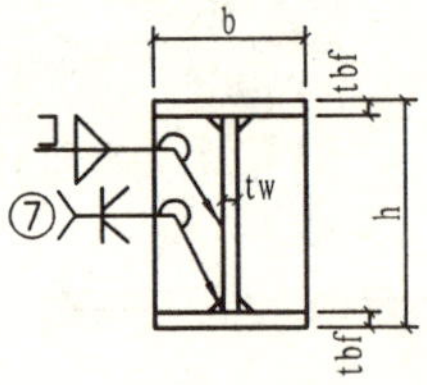

1-1

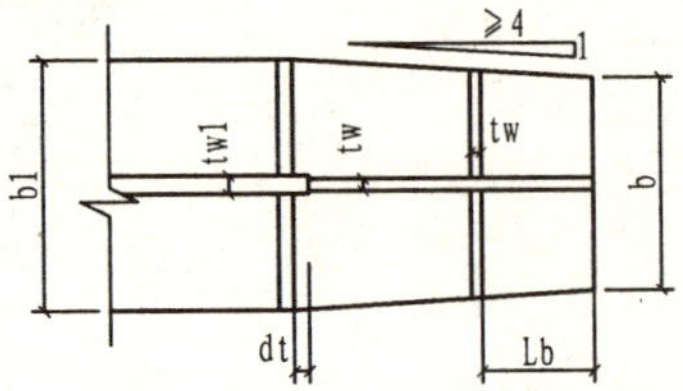

2-2

节点钢板厚度表

板厚符号	板厚取值(mm)	材质要求
tbf	同支撑翼缘厚度	与支撑相同
tbw	同支撑腹板厚度	与支撑相同
tf	同梁翼缘厚度	与梁相同
tw	同梁腹板厚度	与梁相同
tw1	max(tbw, tw)	与梁相同
t0	柱加劲肋厚度：取各方向tf的最大值。	与梁相同
tx	支撑加劲肋厚度：max（α1、α2）≤30° 时，tx≥0.5tbf；max（α1、α2）≤45° 时，tx≥0.7tbf	与支撑相同
tr	≥max（0.4tf，b/30）	与梁相同

节点参数表

参数名称	参数取值(mm) 限制值［参考值］
A、B	≥150
C、D	≥100
hc	柱截面高度
hcx	0.25～0.7hc［0.5hc］
h	同梁截面高度
hx	0.25～0.7h［0.5h］
bb	同支撑翼缘宽度
hb	同支撑腹板方向高度
b	同梁翼缘宽度
b1	≥max(bb, b)［max(bb, b)］
Lb/Lc	梁/支撑连接长度：≥（梁腹板或支撑拼接板长度）/2+35［（梁腹板或支撑拼接板长度）/2+35］
dt	max(1.5tw1, 20)［max(1.5tw1, 20)］
α1、α2	0°～45°
Lb1	楔形梁段长度：≥max(3(H-h), 150)［max(3(H-h), 150)］
H	汇交梁最大梁截面高度

箱形柱-支撑节点						图集号	08SG115-1
审核	申林	校对	刘岩	设计	王浩	页	78

适用范围：1. 多高层钢结构、钢-混凝土混合结构中的钢框架中的支撑；
2. 抗震设防地区及非抗震设防地区。

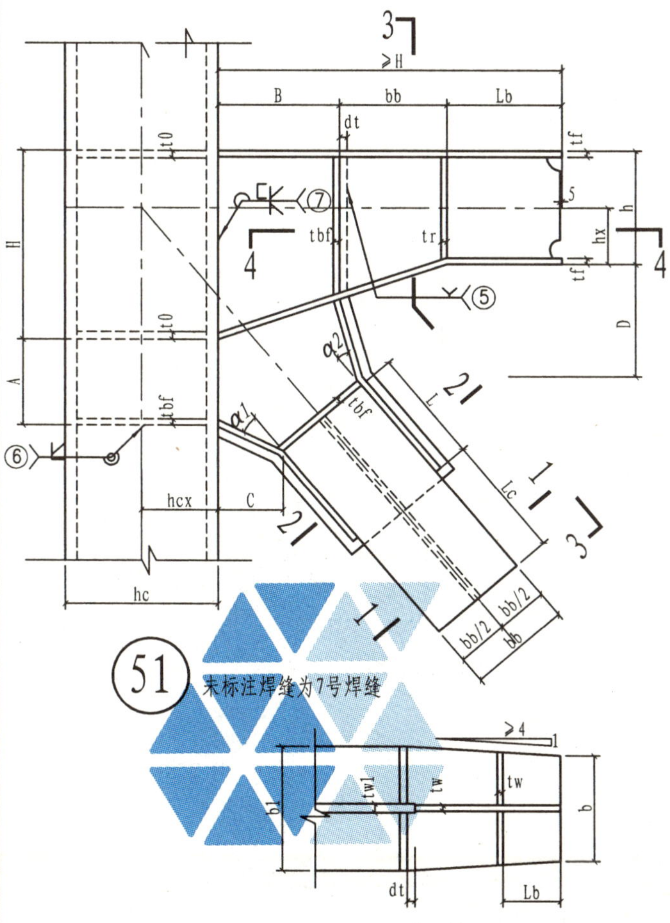

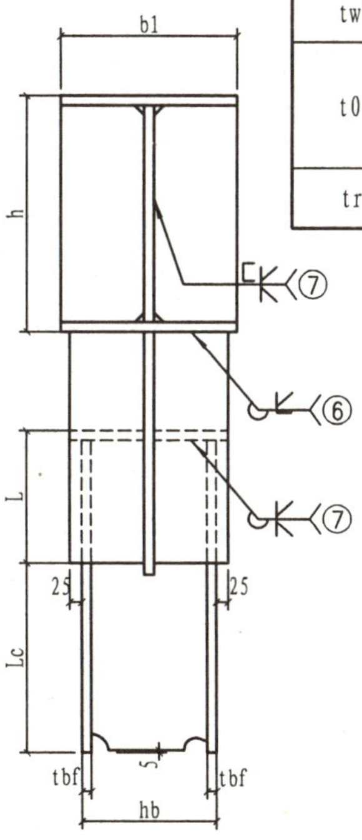

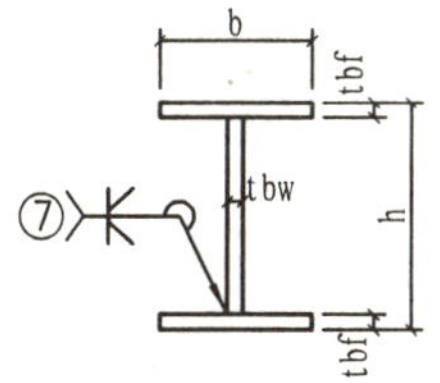

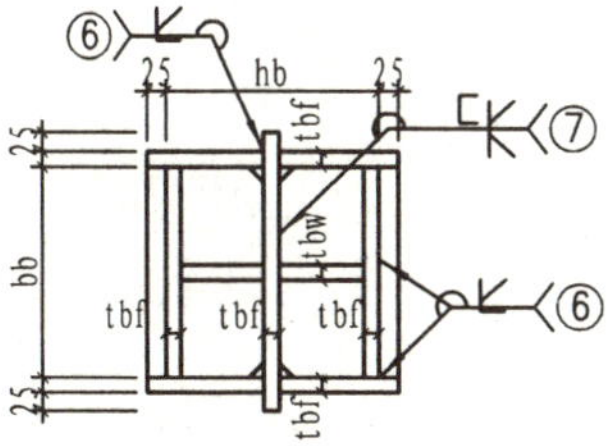

节点钢板厚度表

板厚符号	板厚取值(mm)	材质要求
tbf	同支撑翼缘厚度	与支撑相同
tbw	同支撑腹板厚度	与支撑相同
tf	同梁翼缘厚度	与梁相同
tw	同梁腹板厚度	与梁相同
tw1	max(tbw, tw)	与梁相同
t0	柱加劲隔板厚度：取各方向梁翼缘厚度tf的最大值。	与梁相同
tr	max(0.4tf, b/30)	与梁相同

节点参数表

参数名称	参数取值(mm) 限制值[参考值]
A，B	⩾150
C，D	⩾100
hc	柱截面高度
hcx	0.25～0.7hc[0.5hc]
h	同梁截面高度
hx	0.25～0.7h[0.5h]
bb	同支撑翼缘宽度
hb	同支撑腹板方向高度，hb⩾bb
b	同梁段翼缘宽度
L	支撑转轴连接长度：⩾hb[hb]
b1	⩾max(hb+50, b)　[max(hb+50, b)]
Lb/Lc	梁/支撑连接长度：⩾（梁腹板或支撑拼接板长度）/2+35 [（梁腹板或支撑拼接板长度）/2+35]
dt	max(1.5tw1, 20) [max(1.5tw1, 20)]
α1、α2	0°～45°
Lb1	楔形梁段长度：⩾max(3(H-h), 150) [max(3(H-h), 150)]
H	汇交梁最大梁截面高度

箱形柱-支撑节点

图集号	08SG115-1
页	79

审核 申林　校对 刘岩　设计 王浩

适用范围：1. 多高层钢结构、钢-混凝土混合结构中的钢框架；
2. 抗震设防地区及非抗震设防地区。

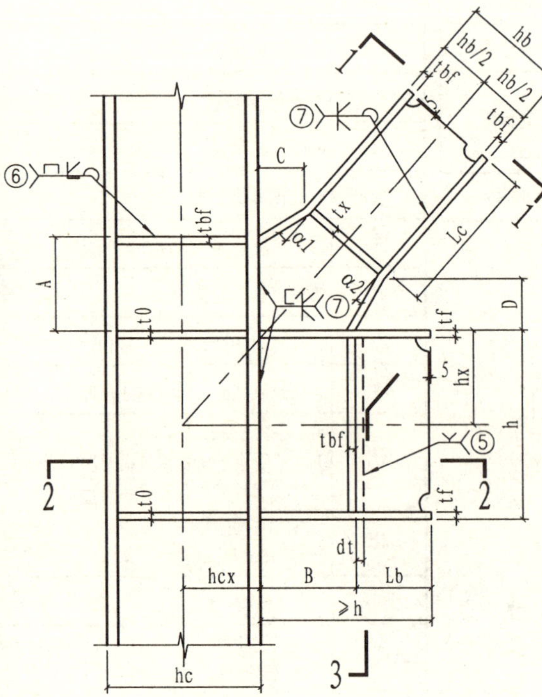

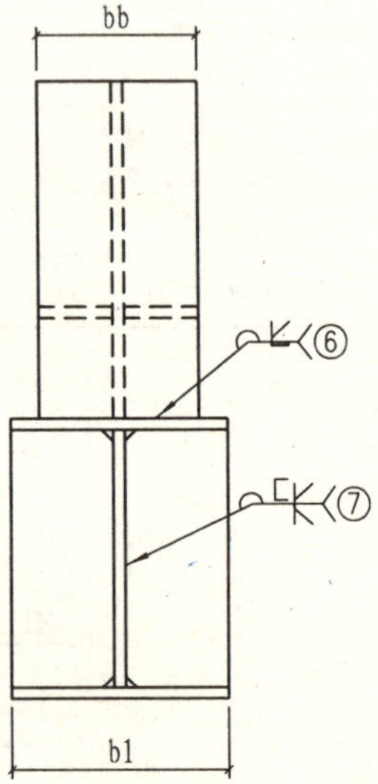

3-3

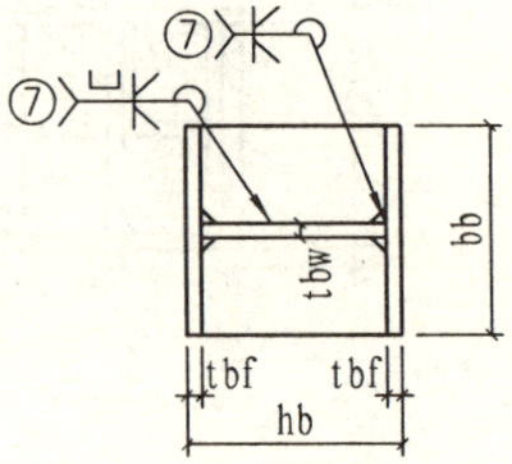

1-1

52 未标注焊缝为7号焊缝

节点钢板厚度表

板厚符号	板厚取值(mm)	材质要求
tbf	同支撑翼缘厚度	与支撑相同
tbw	同支撑腹板厚度	与支撑相同
tf	同梁翼缘厚度（当梁柱腹板不重合时，梁翼缘厚度+2）	与梁相同
tw	同梁腹板厚度	与梁相同
tw1	max(tbw, tw)	与梁相同
t0	柱加劲肋厚度：取各方向tf的最大值。	与梁相同
tx	支撑加劲肋厚度：max（α1、α2）≤30°时，tx≥0.5tbf；max（α1、α2）≤45°时，tx≥0.7tbf	与支撑相同

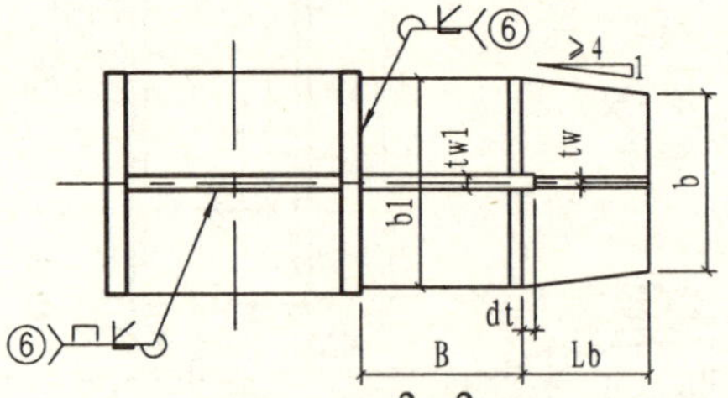

2-2

节点参数表

参数名称	参数取值(mm) 限制值［参考值］
A、B	≥150
C、D	≥100
hc	柱截面高度
hcx	0.25～0.7hc［0.5hc］
h	同梁截面高度
hx	0.25～0.7h［0.5h］
bb	同支撑翼缘宽度
hb	同支撑腹板方向高度
b	同梁翼缘宽度
b1	≥max(bb, b)［max(bb, b)］
Lb/Lc	梁/支撑连接长度：≥（梁腹板或支撑拼接板长度）/2+35［（梁腹板或支撑拼接板长度）/2+35］
dt	max(1.5tw1, 20)［max(1.5tw1, 20)］
α1、α2	0°～45°

H形柱-支撑节点		图集号	08SG115-1
审核 申林	校对 王浩 设计 刘岩	页	80

适用范围：1. 多高层钢结构、钢-混凝土混合结构中的钢框架；
2. 抗震设防地区及非抗震设防地区。

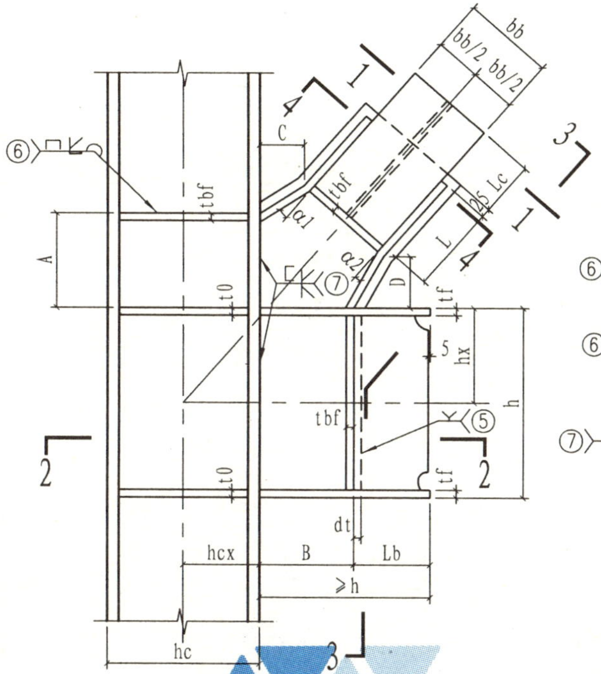

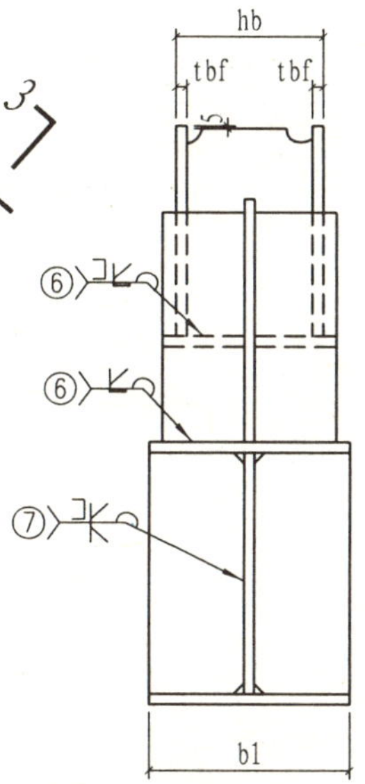

3-3

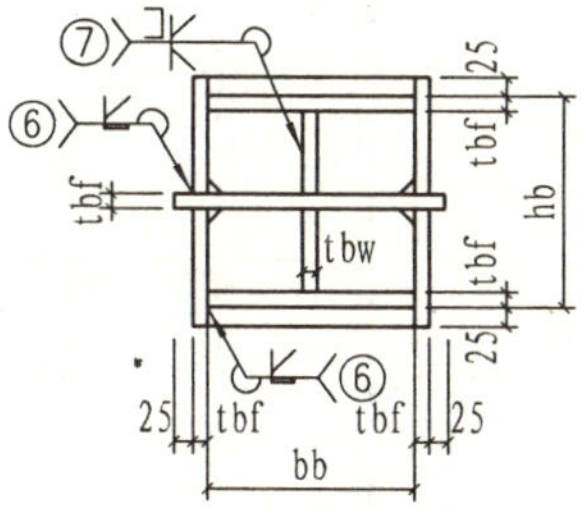

4-4

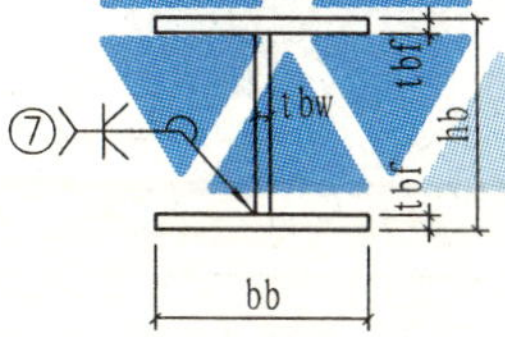

1-1

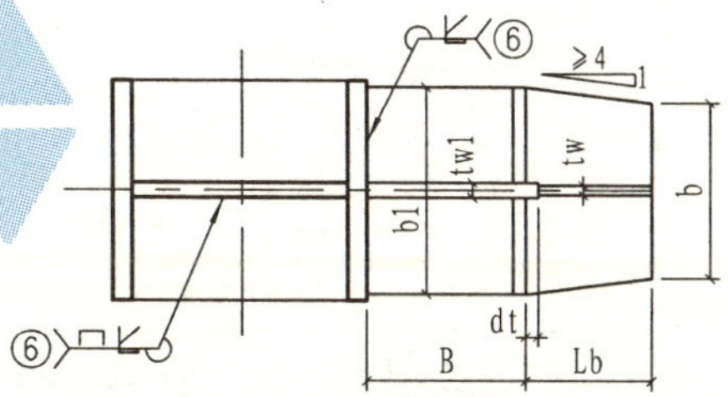

2-2

53 未标注焊缝为7号焊缝

节点钢板厚度表

板厚符号	板厚取值(mm)	材质要求
tbf	同支撑翼缘厚度	与支撑相同
tbw	同支撑腹板厚度	与支撑相同
tf	同梁翼缘厚度（当梁柱腹板不重合时，梁翼缘厚度+2）	与梁相同
tw	同梁腹板厚度	与梁相同
tw1	max(tbw, tw)	与梁相同
t0	柱加劲肋厚度：取各方向tf的最大值	与梁相同

节点参数表

参数名称	参数取值(mm) 限制值［参考值］
A、B	≥150
C、D	≥100
hc	柱截面高度
hcx	0.25～0.7hc［0.5hc］
h	同梁截面高度
hx	0.25～0.7h［0.5h］
bb	同支撑翼缘宽度
hb	同支撑腹板方向高度，hb≥bb
b	同梁翼缘宽度
b1	≥max(hb+50, b) ［max(hb+50, b)］
L	支撑转轴连接长度：≥hb［hb］
Lb/Lc	梁/支撑连接长度： ≥（梁腹板或支撑拼接板长度）/2+35 ［（梁腹板或支撑拼接板长度）/2+35］
dt	max(1.5tw1, 20) ［max(1.5tw1, 20)］
α1、α2	0°～45°

H形柱-支撑节点

图集号	08SG115-1
审核 申林 校对 王浩 设计 刘岩	页 81

适用范围：1. 多高层钢结构、钢-混凝土混合结构中的钢框架；
2. 抗震设防地区及非抗震设防地区。

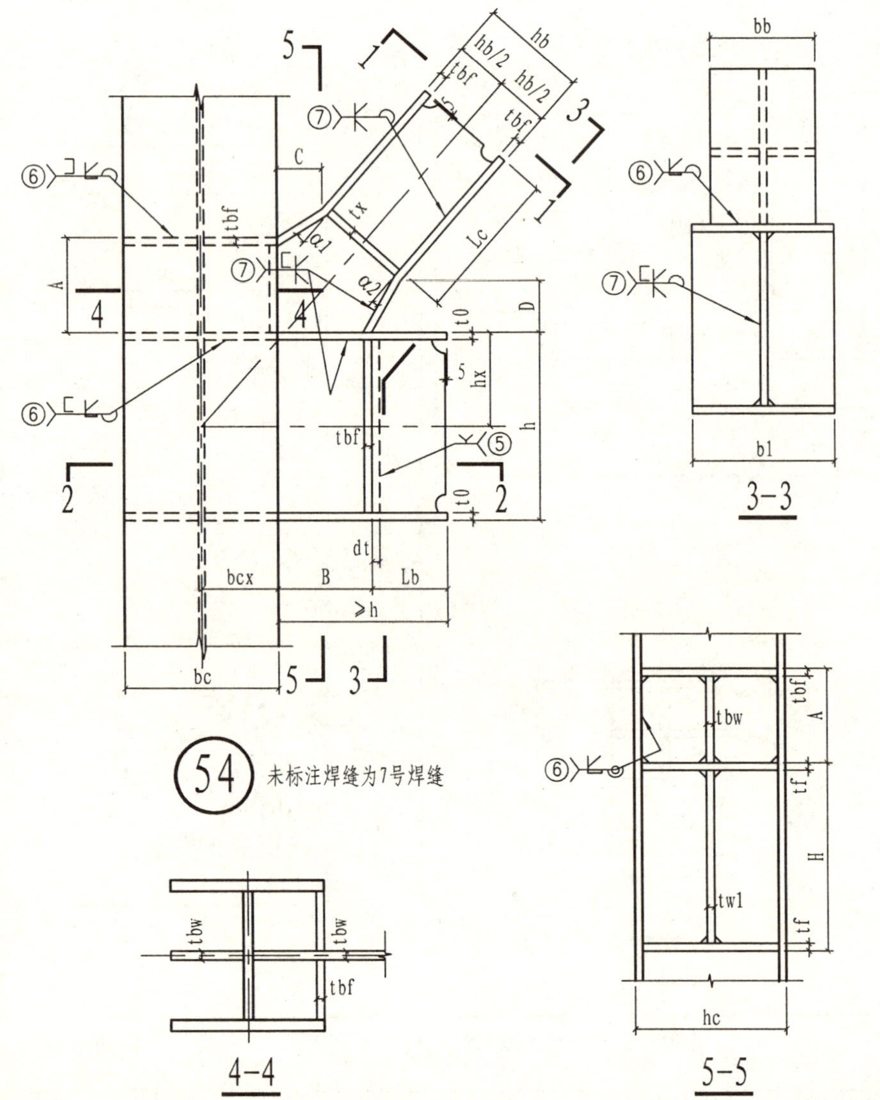

54 未标注焊缝为7号焊缝

节点钢板厚度表

板厚符号	板厚取值(mm)	材质要求
tbf	同支撑翼缘厚度	与支撑相同
tbw	同支撑腹板厚度	与支撑相同
tw	同梁腹板厚度	与梁相同
tw1	max(tbw, tw)	与梁相同
t0	柱加劲肋厚度：取各方向梁翼缘厚度的最大值	与梁相同
tx	支撑加劲肋厚度：max（α1、α2）≤30° 时，tx≥0.5tbf；max（α1、α2）≤45° 时，tx≥0.7tbf	与支撑相同

节点参数表

参数名称	参数取值(mm) 限制值［参考值］
A、B	≥150
C、D	≥100
bc	柱截面宽度
bcx	0.25～0.7bc［0.5bc］
h	同梁截面高度
hx	0.25～0.7h［0.5h］
bb	同支撑翼缘宽度
hb	同支撑腹板方向高度
b	同梁翼缘宽度
b1	≥max(bb, b)［max(bb, b)］
Lb/Lc	梁/支撑连接长度：≥（梁腹板或支撑拼接板长度）/2+35［（梁腹板或支撑拼接板长度）/2+35］
dt	max(1.5tw1, 20)［max(1.5tw1, 20)］
α1、α2	0°～45°

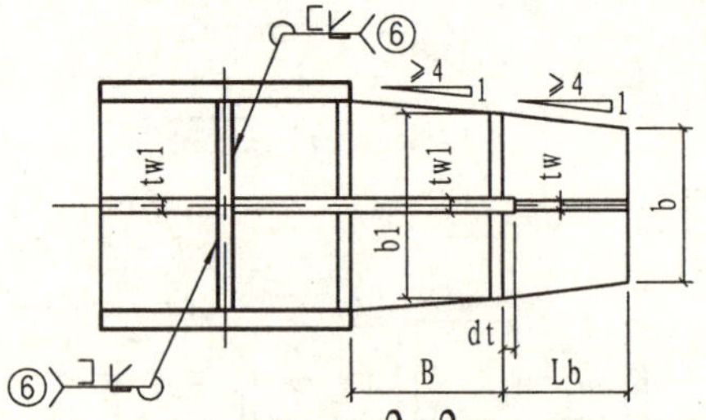

2-2

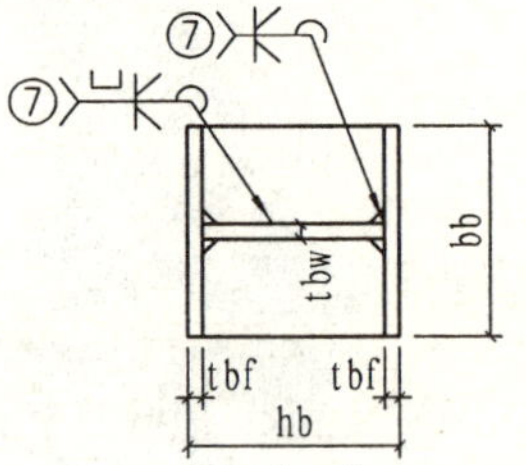

1-1

H形柱-支撑节点	图集号	08SG115-1
审核 申林 校对 王浩 设计 刘岩	页	82

适用范围：1. 多高层钢结构、钢-混凝土混合结构中的钢框架；
2. 抗震设防地区及非抗震设防地区。

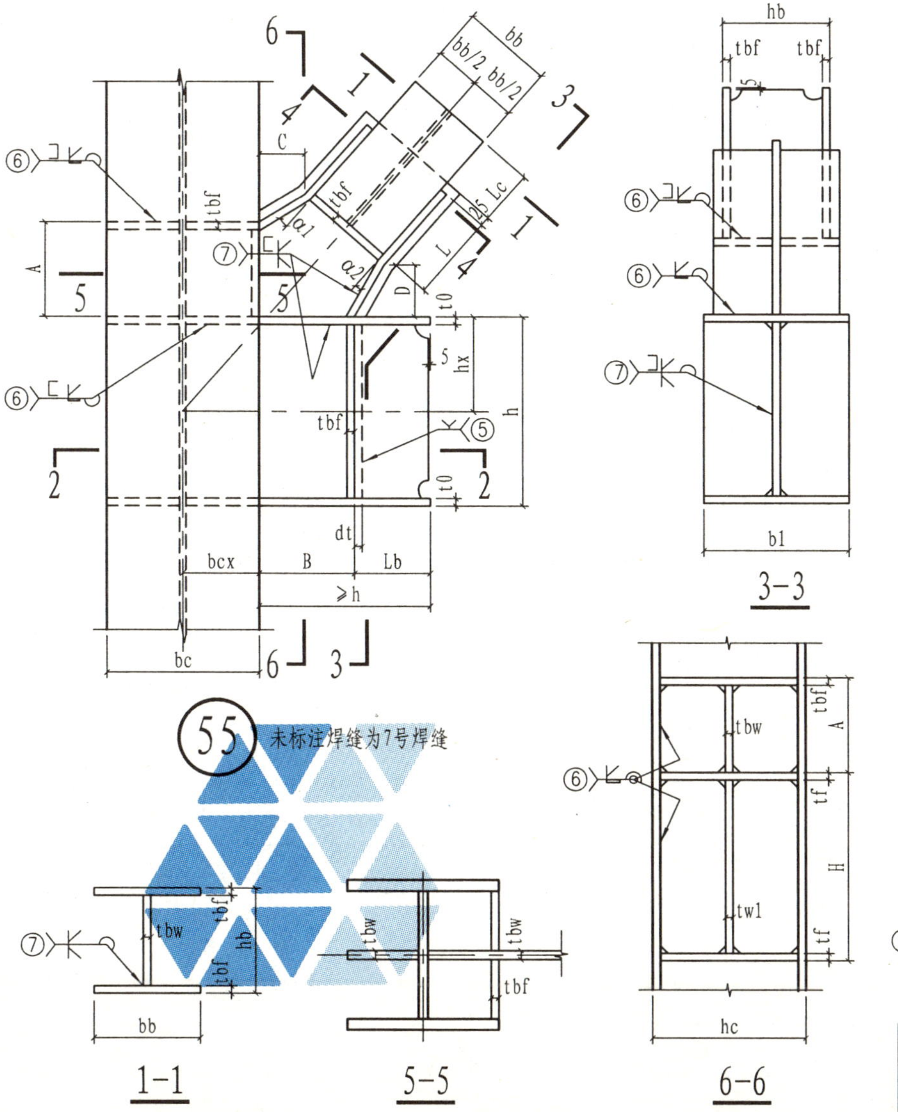

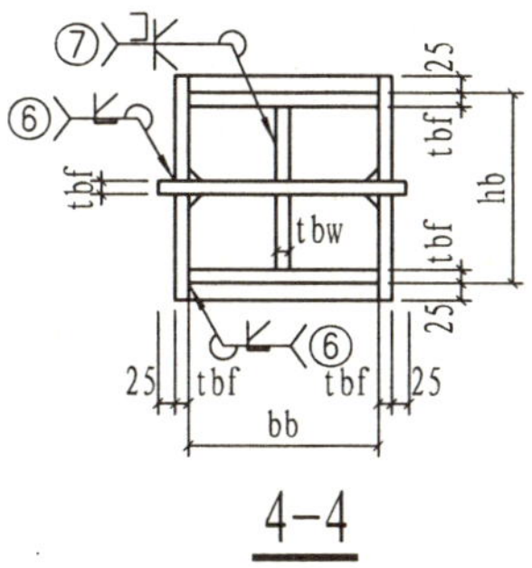

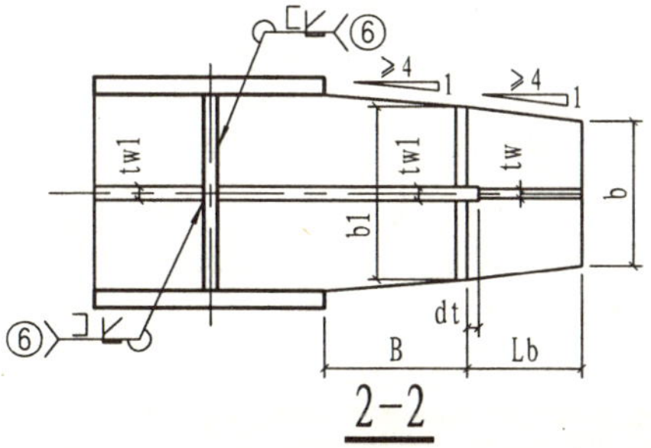

节点钢板厚度表

板厚符号	板厚取值(mm)	材质要求
tbf	同支撑翼缘厚度	与支撑相同
tbw	同支撑腹板厚度	与支撑相同
tw	同梁腹板厚度	与梁相同
tw1	max(tbw, tw)	与梁相同
t0	柱加劲肋厚度：取各方向梁翼缘厚度的最大值	与梁相同

节点参数表

参数名称	参数取值(mm) 限制值［参考值］
A、B	⩾150
C、D	⩾100
bc	柱截面宽度
bcx	0.25～0.7bc［0.5bc］
h	同梁截面高度
hx	0.25～0.7h［0.5h］
bb	同支撑翼缘宽度
hb	同支撑腹板方向高度，hb⩾bb
b	同梁翼缘宽度
b1	⩾max(hb+50, b) ［max(hb+50, b)］
L	支撑转轴连接长度：⩾hb［hb］
Lb/Lc	梁/支撑连接长度： ⩾（梁腹板或支撑拼接板长度）/2+35 ［（梁腹板或支撑拼接板长度）/2+35］
dt	max(1.5tw1, 20) ［max(1.5tw1, 20)］
α1、α2	0°～45°

H形柱-支撑节点

图集号	08SG115-1
审核 申林 校对 王浩 设计 刘岩	页 83

适用范围：1. 多高层钢结构、钢-混凝土混合结构中的钢框架；
2. 抗震设防地区及非抗震设防地区。

节点钢板厚度表

板厚符号	板厚取值(mm)	材质要求
tbf	同支撑翼缘厚度	与支撑相同
tbw	同支撑腹板厚度	与支撑相同
tf	同梁翼缘厚度（当梁柱腹板不重合时，梁翼缘厚度+2）	与梁相同
tw	同梁腹板厚度	与梁相同
tw1	max(tbw, tw)	与梁相同
t0	柱加劲肋厚度：取各方向tf的最大值。	与梁相同
tx	支撑加劲肋厚度：max（α1、α2）≤30° 时，tx≥0.5tbf；max（α1、α2）≤45° 时，tx≥0.7tbf	与支撑相同

节点参数表

参数名称	参数取值(mm) 限制值［参考值］
A、B	≥150
C、D	≥100
hc	柱截面高度
hcx	0.25～0.7hc［0.5hc］
h	同梁截面高度
hx	0.25～0.7h［0.5h］
bb	同支撑翼缘宽度
hb	同支撑腹板方向高度
b	同梁翼缘宽度
b1	≥max(bb, b)［max(bb, b)］
Lb/Lc	梁/支撑连接长度：≥（梁腹板或支撑拼接板长度）/2+35［（梁腹板或支撑拼接板长度）/2+35］
dt	max(1.5tw1, 20)［max(1.5tw1, 20)］
α1、α2	0° ～45°
H	汇交梁最大梁截面高度

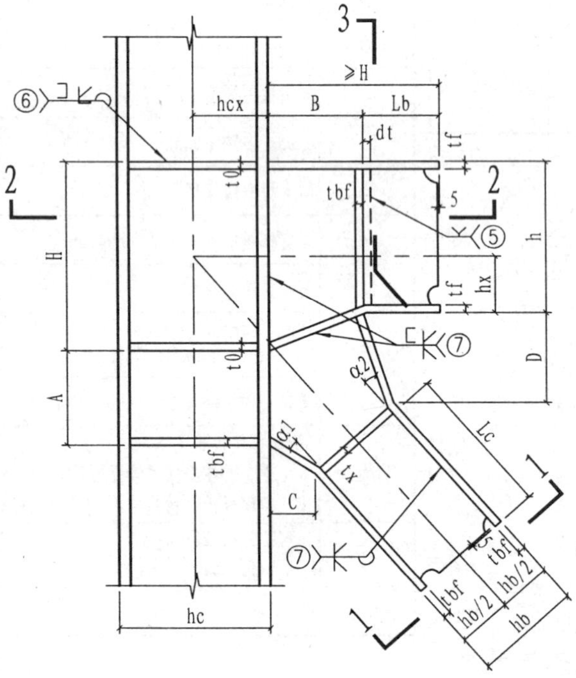

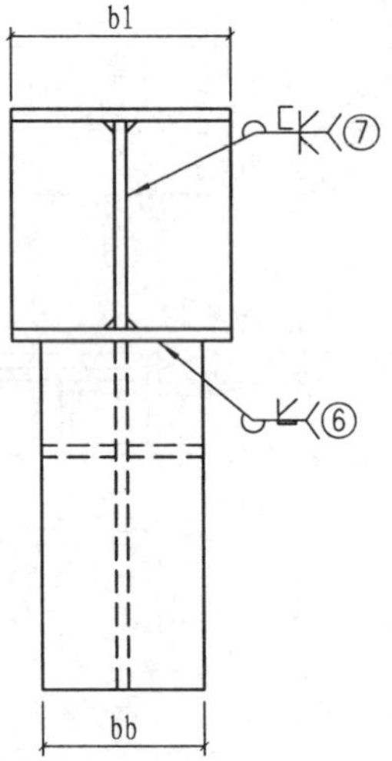

3-3

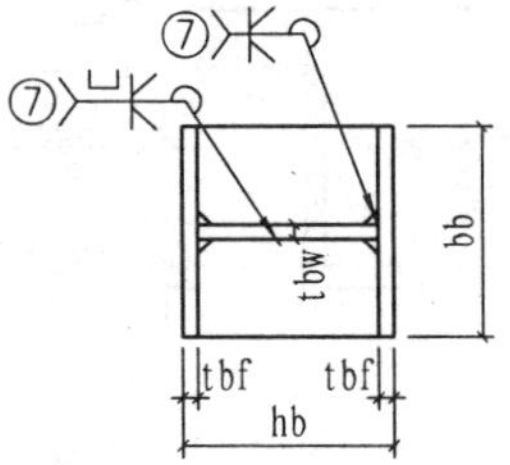

1-1

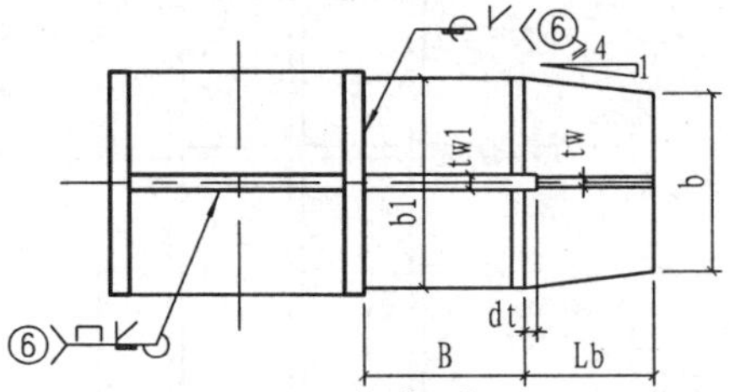

2-2

56 未标注焊缝为7号焊缝

H形柱-支撑节点

审核	申 林	申林	校对	王 浩	王浩	设计	刘 岩	刘岩	图集号	08SG115-1
									页	84

适用范围：1. 多高层钢结构、钢-混凝土混合结构中的钢框架；
2. 抗震设防地区及非抗震设防地区。

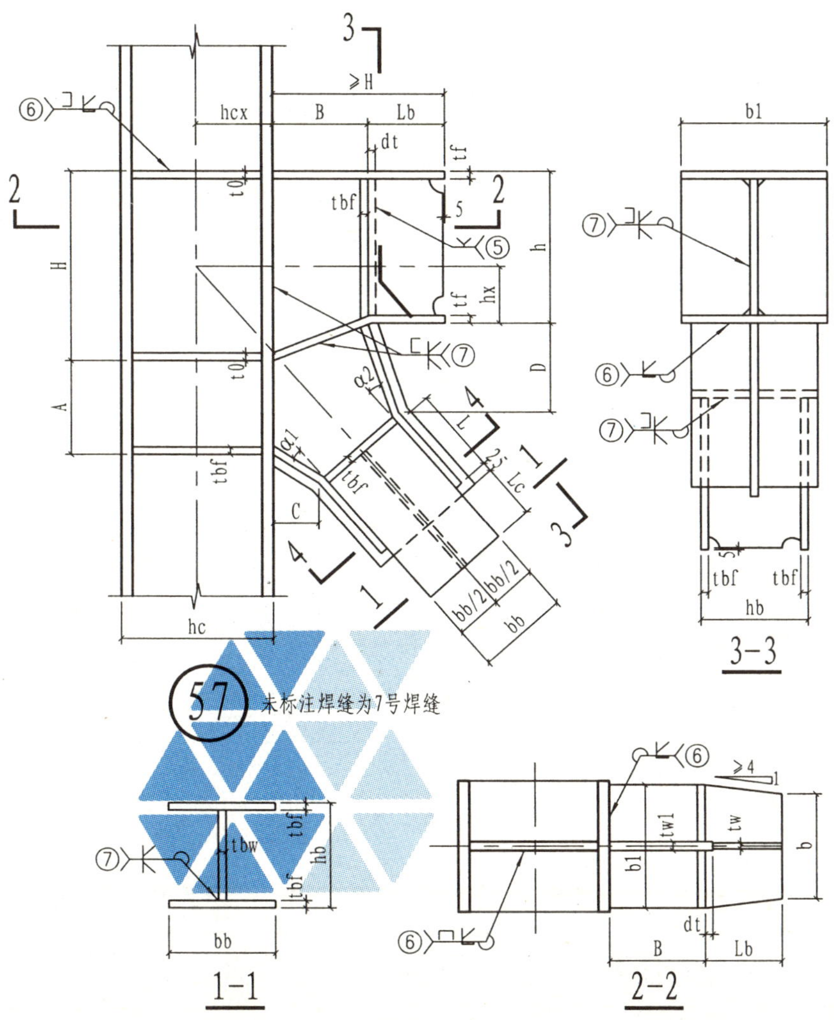

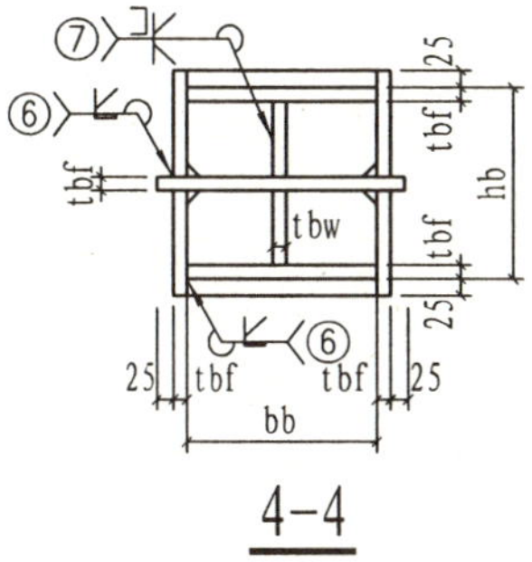

节点钢板厚度表

板厚符号	板厚取值(mm)	材质要求
tbf	同支撑翼缘厚度	与支撑相同
tbw	同支撑腹板厚度	与支撑相同
tf	同梁翼缘厚度（当梁柱腹板不重合时，梁翼缘厚度+2）	与梁相同
tw	同梁腹板厚度	与梁相同
tw1	max(tbw, tw)	与梁相同
t0	柱加劲肋厚度：取各方向tf的最大值	与梁相同

节点参数表

参数名称	参数取值(mm) 限制值［参考值］
A、B	≥150
C、D	≥100
hc	柱截面高度
hcx	0.25～0.7hc［0.5hc］
h	同梁截面高度
hx	0.25～0.7h［0.5h］
bb	同支撑翼缘宽度
hb	同支撑腹板方向高度，hb≥bb
b	同梁翼缘宽度
b1	≥max(hb+50, b) ［max(hb+50, b)］
L	支撑转轴连接长度：≥hb［hb］
Lb/Lc	梁/支撑连接长度： ≥（梁腹板或支撑拼接板长度）/2+35 ［（梁腹板或支撑拼接板长度）/2+35］
dt	max(1.5tw1, 20) ［max(1.5tw1, 20)］
α1、α2	0°～45°
H	汇交梁最大梁截面高度

H形柱-支撑节点

图集号	08SG115-1
审核 申林 校对 王浩 设计 刘岩	页 85

适用范围：1. 多高层钢结构、钢-混凝土混合结构中的钢框架；
2. 抗震设防地区及非抗震设防地区。

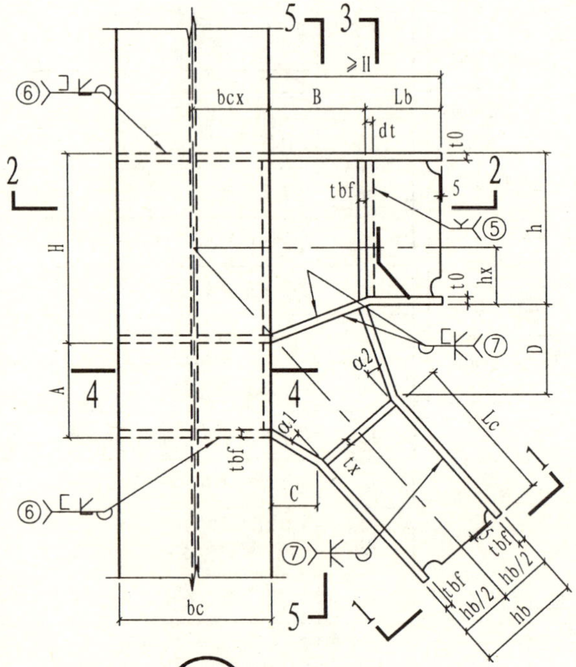

58 未标注焊缝为7号焊缝

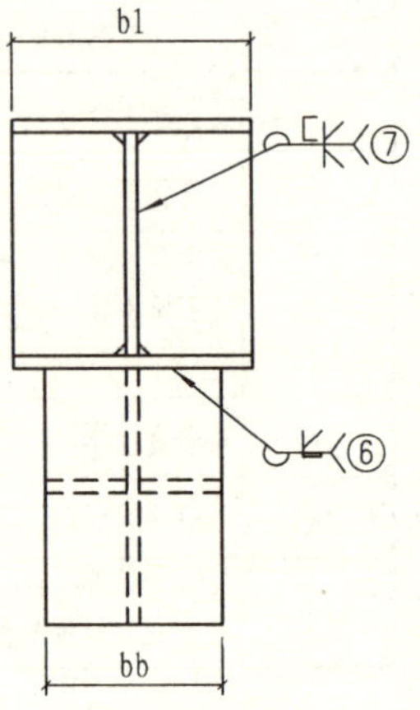

3-3

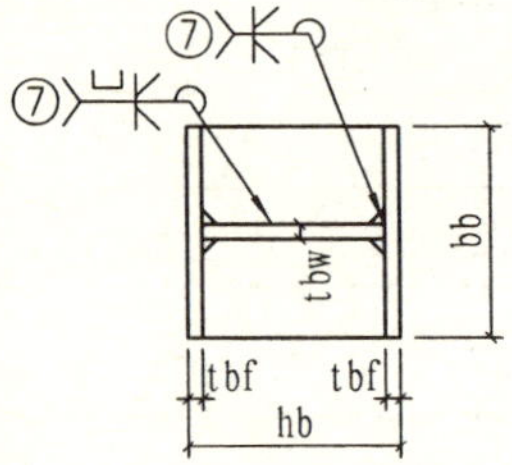

1-1

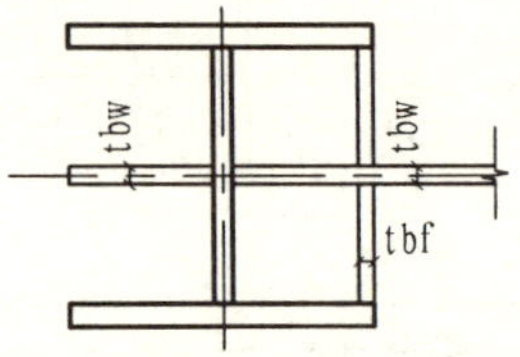

4-4

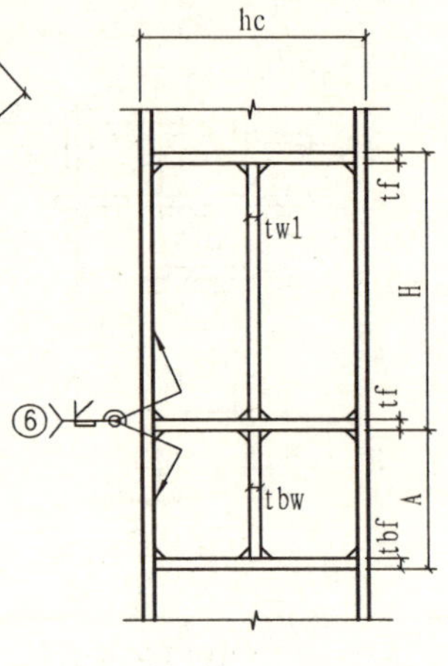

5-5

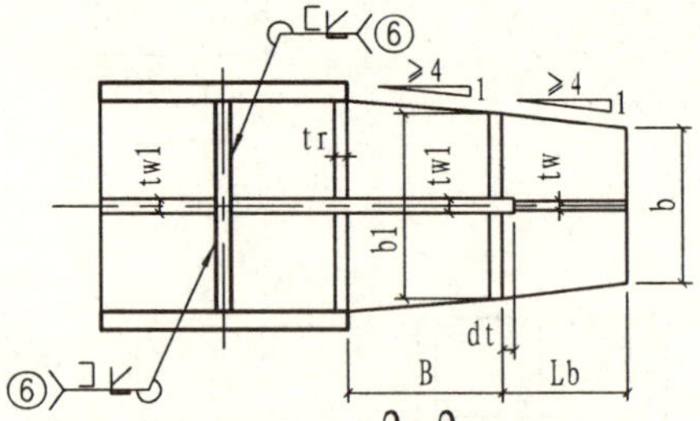

2-2

节点钢板厚度表

板厚符号	板厚取值(mm)	材质要求
tbf	同支撑翼缘厚度	与支撑相同
tbw	同支撑腹板厚度	与支撑相同
tw	同梁腹板厚度	与梁相同
tw1	max(tbw, tw)	与梁相同
t0	柱加劲肋厚度：取各方向梁翼缘厚度的最大值	与梁相同
tx	支撑加劲肋厚度：max（α1、α2）≤30° 时，tx≥0.5tbf；max（α1、α2）≤45° 时，tx≥0.7tbf	与支撑相同
tr	≥max（0.4tf，b/30）	与梁相同

节点参数表

参数名称	参数取值(mm) 限制值［参考值］
A、B	≥150
C、D	≥100
bc	柱截面宽度
bcx	0.25～0.7bc［0.5bc］
h	同梁截面高度
hx	0.25～0.7h［0.5h］
bb	同支撑翼缘宽度
hb	同支撑腹板方向高度
b	同梁翼缘宽度
b1	≥max(bb, b)［max(bb, b)］
Lb/Lc	梁/支撑连接长度：≥（梁腹板或支撑拼接板长度）/2+35［（梁腹板或支撑拼接板长度）/2+35］
dt	max(1.5tw1, 20)［max(1.5tw1, 20)］
α1、α2	0°～45°
H	汇交梁最大梁截面高度

H形柱-支撑节点

审核	申林	申林	校对	王浩	王浩	设计	刘岩 刘岩
图集号	08SG115-1	页	86				

适用范围：1. 多高层钢结构、钢-混凝土混合结构中的钢框架；
2. 抗震设防地区及非抗震设防地区。

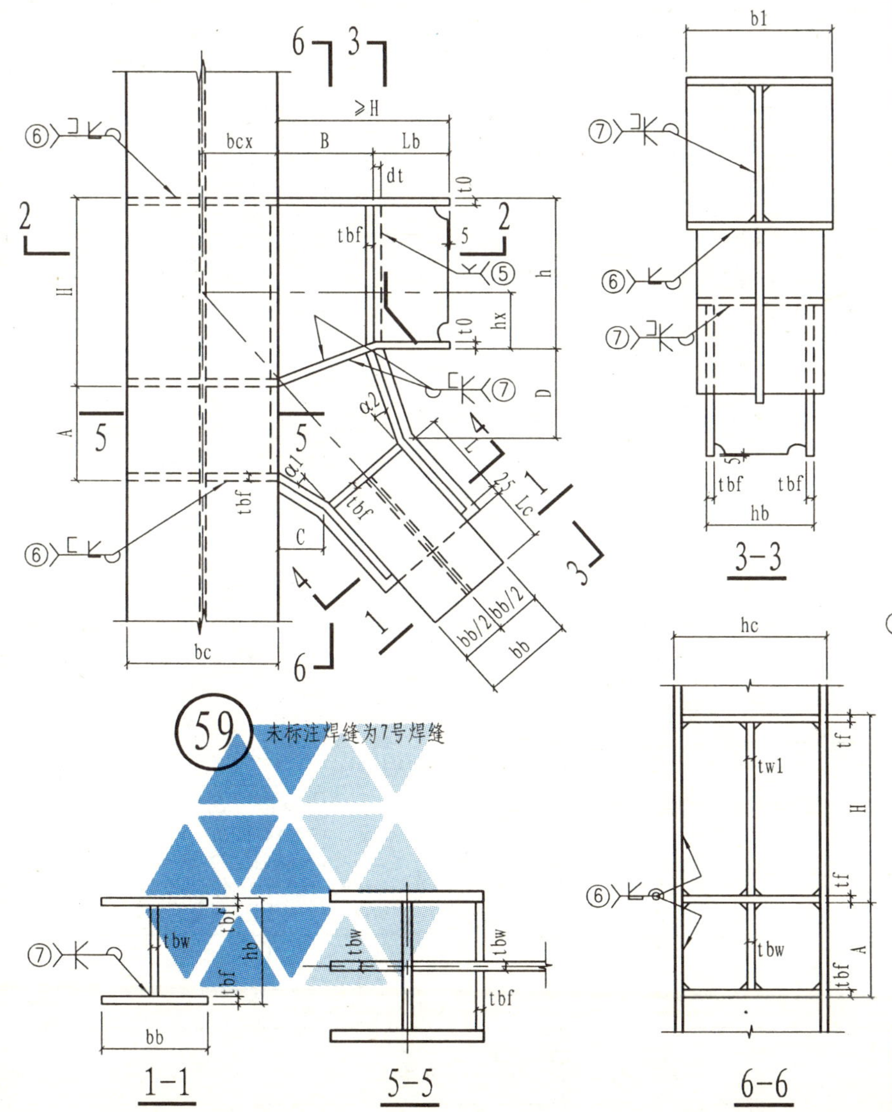

节点钢板厚度表

板厚符号	板厚取值(mm)	材质要求
tbf	同支撑翼缘厚度	与支撑相同
tbw	同支撑腹板厚度	与支撑相同
tw	同梁腹板厚度	与梁相同
tw1	max(tbw, tw)	与梁相同
t0	柱加劲肋厚度：取各方向梁翼缘厚度的最大值	与梁相同
tr	≥max (0.4tf, b/30)	与梁相同

节点参数表

参数名称	参数取值(mm) 限制值［参考值］
A、B	≥150
C、D	≥100
bc	柱截面宽度
bcx	0.25～0.7bc［0.5bc］
h	同梁截面高度
hx	0.25～0.7h［0.5h］
bb	同支撑翼缘宽度
hb	同支撑腹板方向高度，hb≥bb
b	同梁翼缘宽度
b1	≥max(hb+50, b) ［max(hb+50, b)］
L	支撑转轴连接长度：≥hb［hb］
Lb/Lc	梁/支撑连接长度： ≥（梁腹板或支撑拼接板长度）/2+35 ［（梁腹板或支撑拼接板长度）/2+35］
dt	max(1.5tw1, 20) ［max(1.5tw1, 20)］
α1、α2	0°～45°
H	汇交梁最大梁截面高度

H形柱-支撑节点							图集号	08SG115-1
审核	申林	申林	校对	王浩	王浩	设计 刘岩	页	87

适用范围：1. 多高层钢结构、钢-混凝土混合结构中的钢框架；
2. 抗震设防地区及非抗震设防地区。

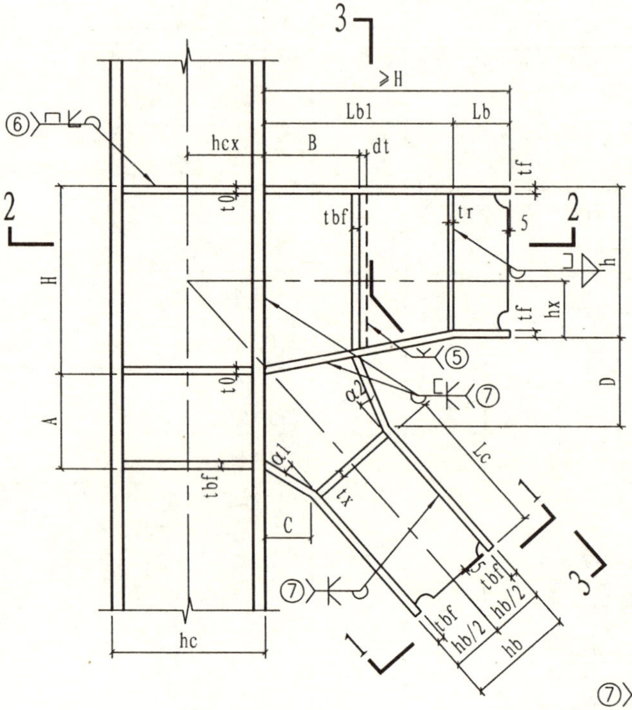

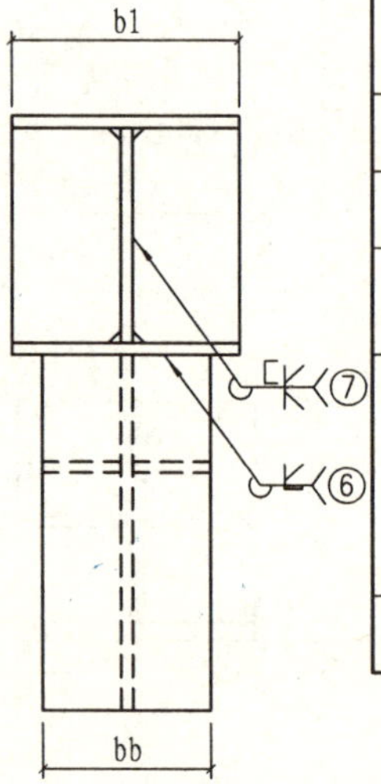

3-3

60 未标注焊缝为7号焊缝

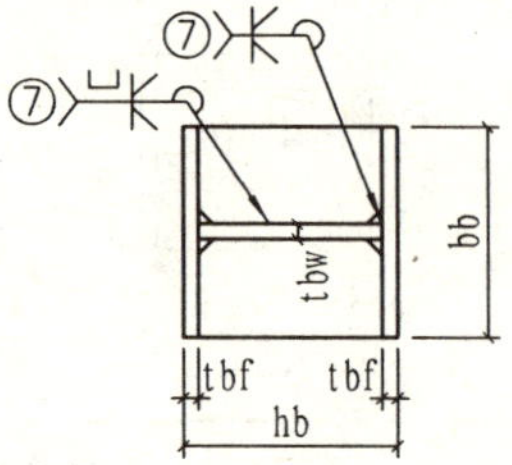

1-1

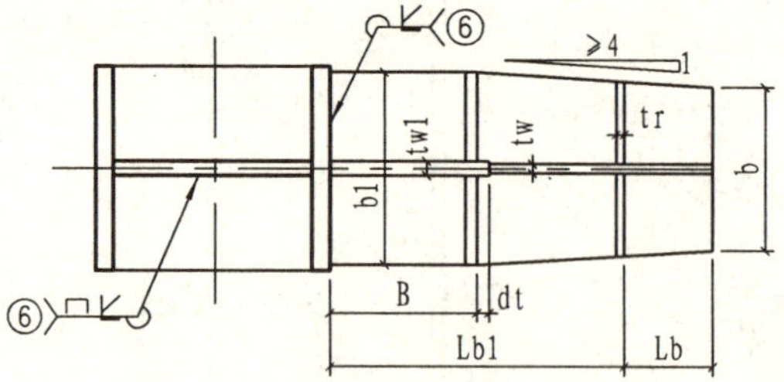

2-2

节点钢板厚度表

板厚符号	板厚取值(mm)	材质要求
tbf	同支撑翼缘厚度	与支撑相同
tbw	同支撑腹板厚度	与支撑相同
tf	同梁翼缘厚度（当梁柱腹板不重合时，梁翼缘厚度+2）	与梁相同
tw	同梁腹板厚度	与梁相同
tw1	max(tbw, tw)	与梁相同
t0	柱加劲肋厚度：取各方向tf的最大值。	与梁相同
tx	支撑加劲肋厚度：max（α1、α2）≤30° 时，tx≥0.5tbf；max（α1、α2）≤45° 时，tx≥0.7tbf	与支撑相同
tr	≥max（0.4tf，b/30）	与梁相同

节点参数表

参数名称	参数取值(mm) 限制值［参考值］
A、B	≥150
C、D	≥100
hc	柱截面高度
hcx	0.25～0.7hc［0.5hc］
h	同梁截面高度
hx	0.25～0.7h［0.5h］
bb	同支撑翼缘宽度
hb	同支撑腹板方向高度
b	同梁翼缘宽度
b1	≥max(bb, b)［max(bb, b)］
Lb/Lc	梁/支撑连接长度：≥（梁腹板或支撑拼接板长度）/2+35［（梁腹板或支撑拼接板长度）/2+35］
dt	max(1.5tw1, 20)［max(1.5tw1, 20)］
α1、α2	0°～45°
Lb1	楔形梁段长度：≥max(3(H-h), 150)［max(3(H-h), 150)］
H	汇交梁最大梁截面高度

H形柱-支撑节点							图集号	08SG115-1
审核	申林	申林	校对	王浩	王浩	设计 刘岩	刘岩	页 88

适用范围：1. 多高层钢结构、钢-混凝土混合结构中的钢框架；
2. 抗震设防地区及非抗震设防地区。

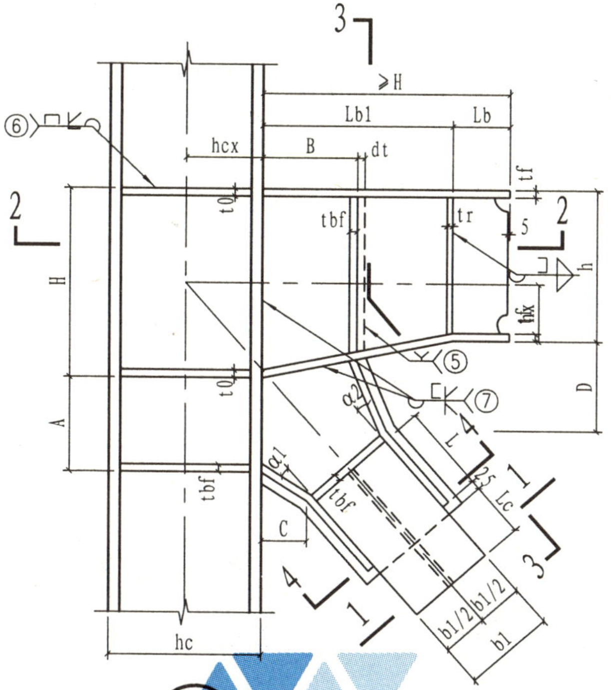

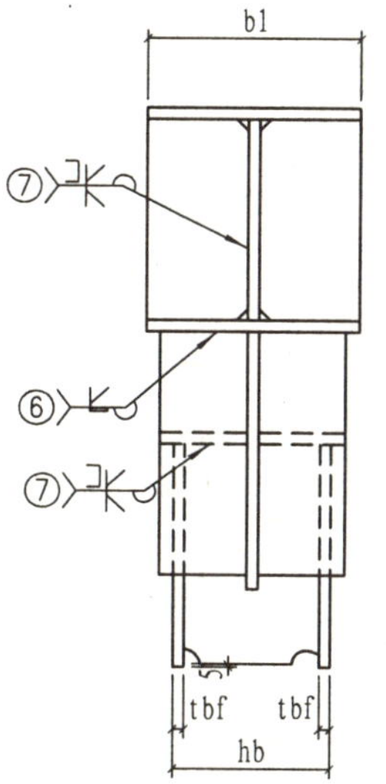

3-3

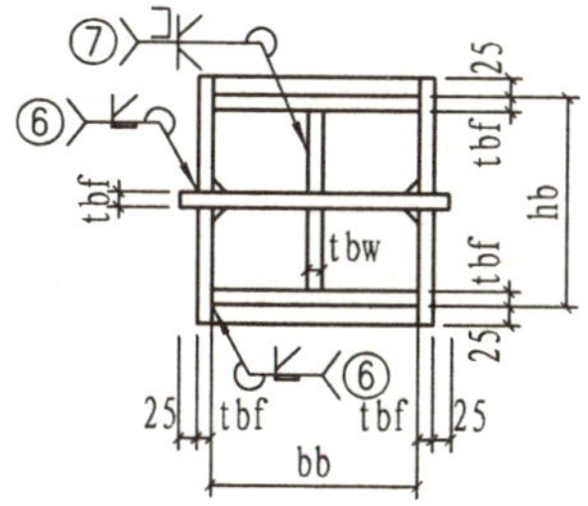

4-4

61 未标注焊缝为7号焊缝

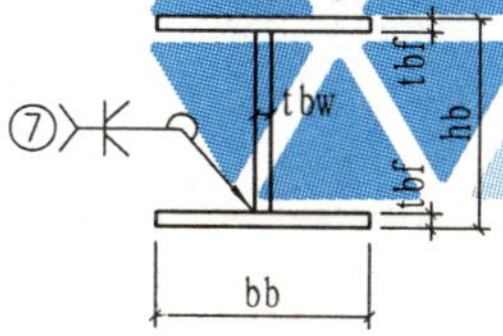

1-1

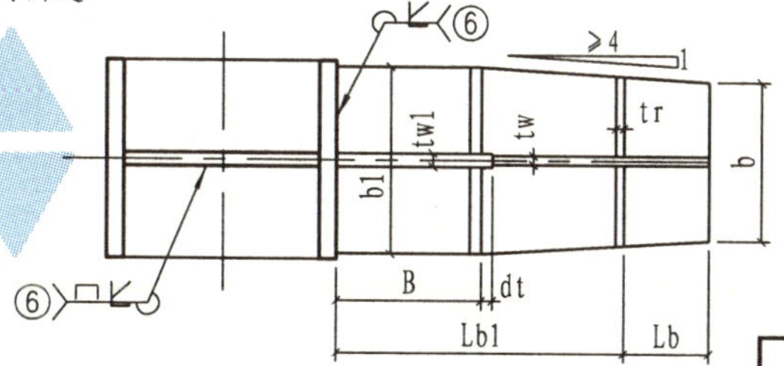

2-2

节点钢板厚度表

板厚符号	板厚取值(mm)	材质要求
tbf	同支撑翼缘厚度	与支撑相同
tbw	同支撑腹板厚度	与支撑相同
tf	同梁翼缘厚度（当梁柱腹板不重合时，梁翼缘厚度+2）	与梁相同
tw	同梁腹板厚度	与梁相同
tw1	max(tbw, tw)	与梁相同
t0	柱加劲肋厚度：取各方向tf的最大值	与梁相同
tr	≥max（0.4tf，b/30）	与梁相同

节点参数表

参数名称	参数取值(mm) 限制值［参考值］
A、B	≥150
C、D	≥100
hc	柱截面高度
hcx	0.25～0.7hc［0.5hc］
h	同梁截面高度
hx	0.25～0.7h［0.5h］
bb	同支撑翼缘宽度
hb	同支撑腹板方向高度，hb≥bb
b	同梁翼缘宽度
b1	≥max(hb+50, b) ［max(hb+50, b)］
L	支撑转轴连接长度：≥hb［hb］
Lb/Lc	梁/支撑连接长度： ≥（梁腹板或支撑拼接板长度）/2+35 ［（梁腹板或支撑拼接板长度）/2+35］
dt	max(1.5tw1, 20) ［max(1.5tw1, 20)］
α1、α2	0°～45°
Lb1	楔形梁段长度： ≥max(3(H-h), 150) ［max(3(H-h), 150)］
H	汇交梁最大梁截面高度

H形柱-支撑节点									图集号	08SG115-1
审核	申林	申林	校对	王浩	王浩	设计	刘岩	刘岩	页	89

适用范围：1. 多高层钢结构、钢-混凝土混合结构中的钢框架；
2. 抗震设防地区及非抗震设防地区。

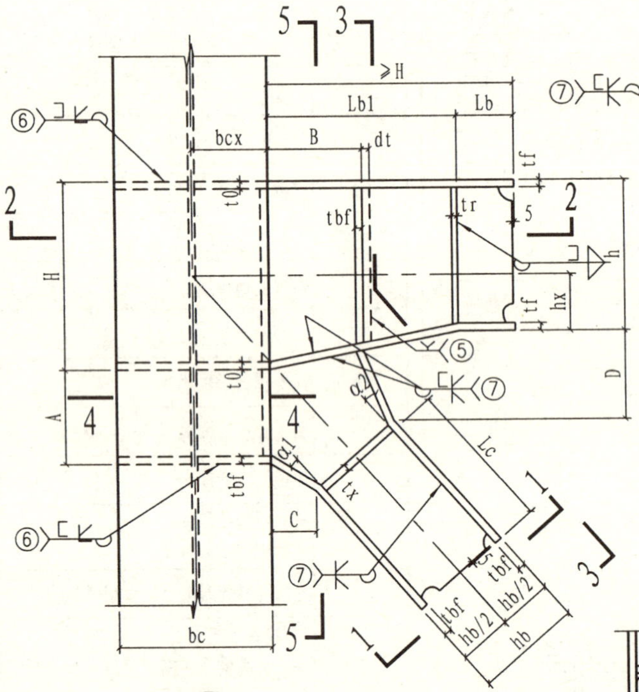

(62) 未标注焊缝为7号焊缝

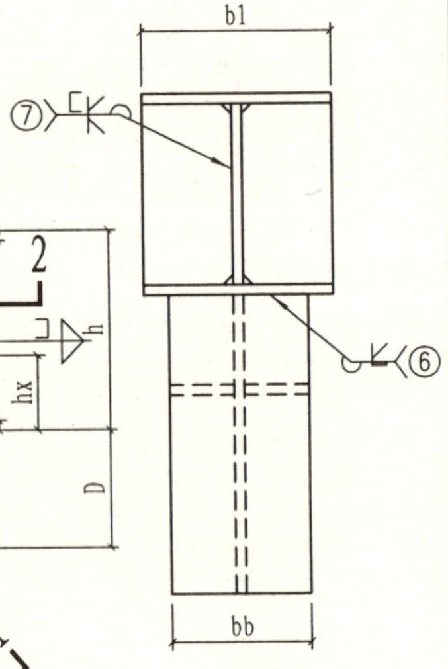

3-3

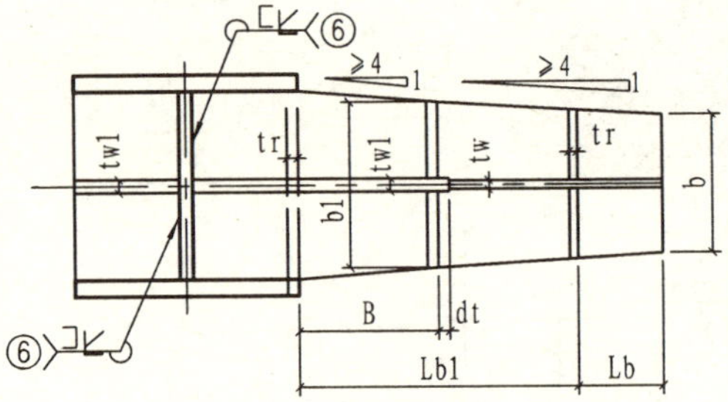

2-2

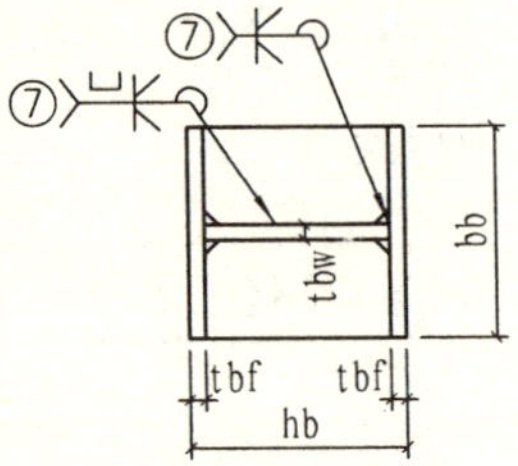

1-1

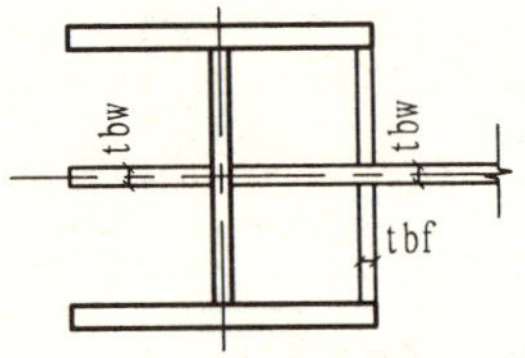

4-4

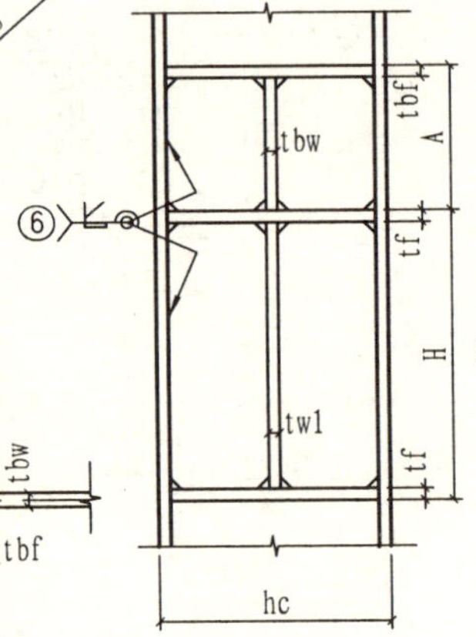

5-5

节点钢板厚度表

板厚符号	板厚取值(mm)	材质要求
tbf	同支撑翼缘厚度	与支撑相同
tbw	同支撑腹板厚度	与支撑相同
tw	同梁腹板厚度	与梁相同
tw1	max(tbw, tw)	与梁相同
t0	柱加劲肋厚度：取各方向梁翼缘厚度的最大值	与梁相同
tx	支撑加劲肋厚度：max（α1、α2）≤30° 时，tx≥0.5tbf；max（α1、α2）≤45° 时，tx≥0.7tbf	与支撑相同
tr	≥max（0.4tf，b/30）	与梁相同

节点参数表

参数名称	参数取值(mm) 限制值［参考值］
A、B	≥150
C、D	≥100
bc	柱截面宽度
bcx	0.25～0.7bc［0.5bc］
h	同梁截面高度
hx	0.25～0.7h［0.5h］
bb	同支撑翼缘宽度
hb	同支撑腹板方向高度
b	同梁翼缘宽度
b1	≥max(bb, b)［max(bb, b)］
Lb/Lc	梁/支撑连接长度：≥（梁腹板或支撑拼接板长度）/2+35［（梁腹板或支撑拼接板长度）/2+35］
dt	max(1.5tw1, 20)［max(1.5tw1, 20)］
α1、α2	0°～45°
Lb1	楔形梁段长度：≥max(3(H-h), 150)［max(3(H-h), 150)］
H	汇交梁最大梁截面高度

H形柱-支撑节点

图集号	08SG115-1						
审核	申林	校对	王浩	设计	刘岩	页	90

适用范围：1. 多高层钢结构、钢-混凝土混合结构中的钢框架；
2. 抗震设防地区及非抗震设防地区。

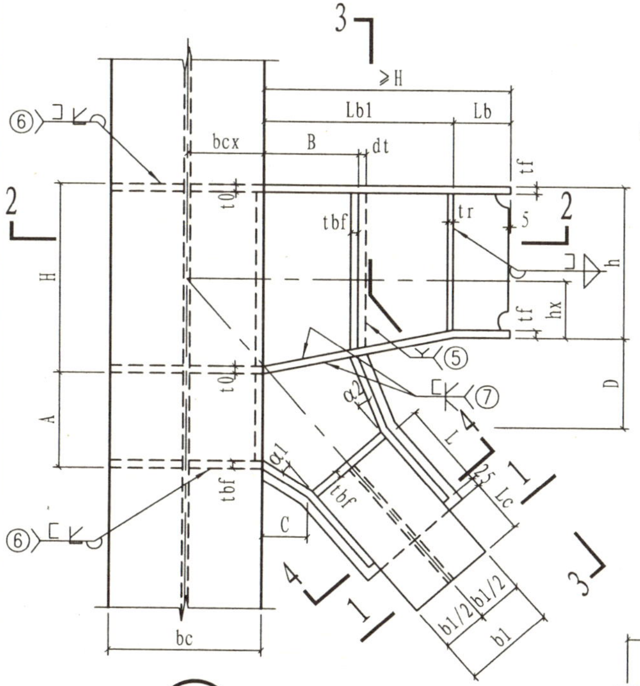

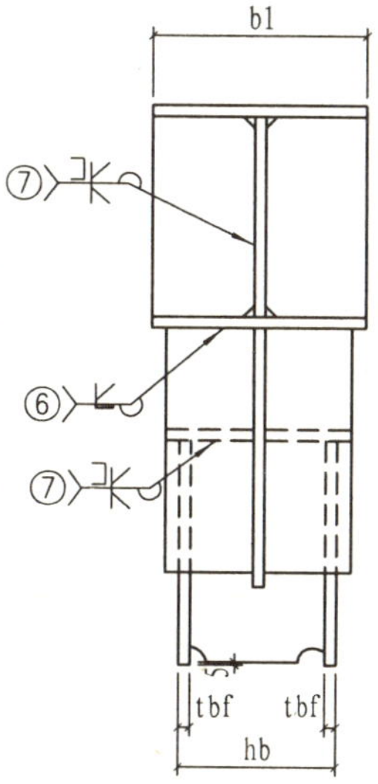

3-3

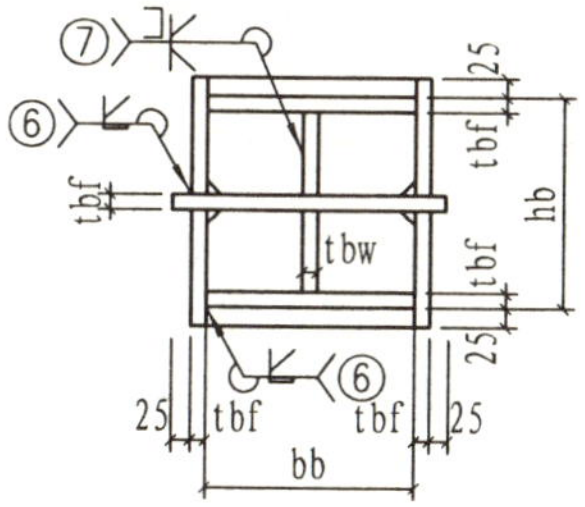

4-4

63 未标注焊缝为7号焊缝

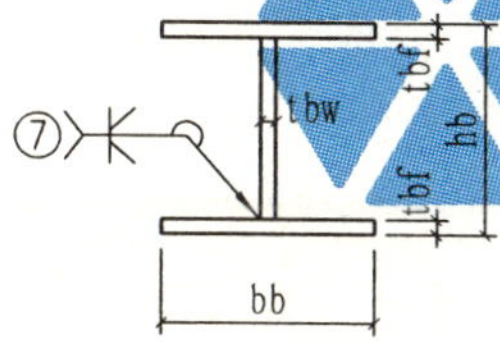

1-1

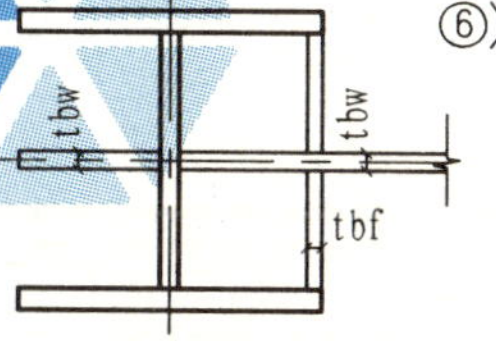

5-5

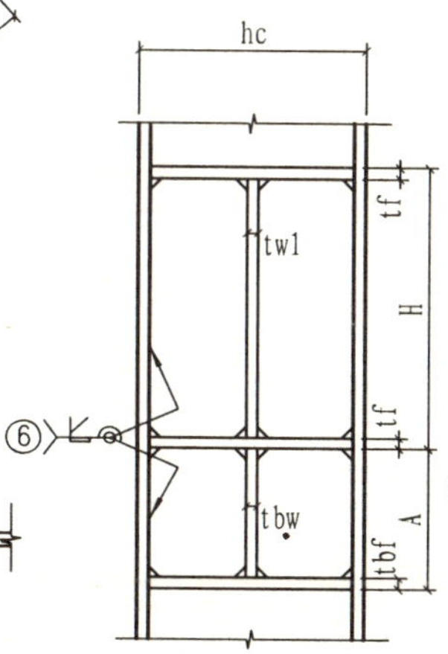

6-6

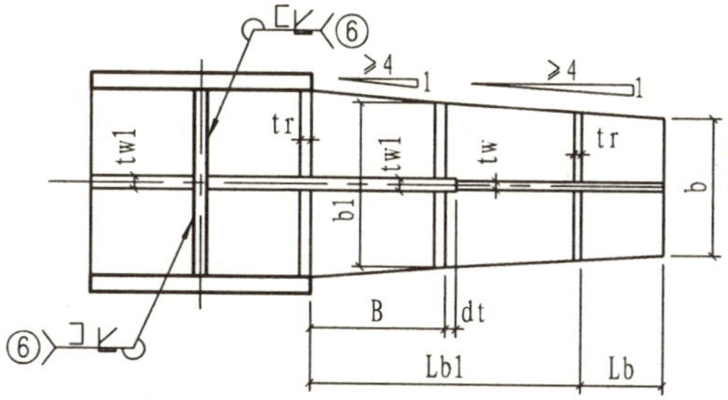

2-2

节点钢板厚度表

板厚符号	板厚取值(mm)	材质要求
tbf	同支撑翼缘厚度	与支撑相同
tbw	同支撑腹板厚度	与支撑相同
tw	同梁腹板厚度	与梁相同
tw1	max(tbw, tw)	与梁相同
t0	柱加劲肋厚度：取各方向梁翼缘厚度的最大值	与梁相同
tr	≥max（0.4tf, b/30）	与梁相同

节点参数表

参数名称	参数取值(mm) 限制值［参考值］
A、B	≥150
C、D	≥100
bc	柱截面宽度
bcx	0.25～0.7bc［0.5bc］
h	同梁截面高度
hx	0.25～0.7h［0.5h］
bb	同支撑翼缘宽度
hb	同支撑腹板方向高度，hb≥bb
b	同梁翼缘宽度
b1	≥max(hb+50, b) ［max(hb+50, b)］
L	支撑转轴连接长度：≥hb［hb］
Lb/Lc	梁/支撑连接长度： ≥（梁腹板或支撑拼接板长度）/2+35 ［（梁腹板或支撑拼接板长度）/2+35］
dt	max(1.5tw1, 20) ［max(1.5tw1, 20)］
α1、α2	0°～45°
Lb1	楔形梁段长度： ≥max(3(H-h), 150) ［max(3(H-h), 150)］
H	汇交梁最大梁截面高度

H形柱-支撑节点	图集号	08SG115-1
审核 申林 校对 王浩 设计 刘岩	页	91

适用范围：1. 多高层钢结构、钢-混凝土混合结构中的钢框架；
2. 抗震设防地区及非抗震设防地区。

节点钢板厚度表

板厚符号	板厚取值(mm)	材质要求
tbf	同支撑翼缘厚度	与支撑相同
tbw	同支撑腹板厚度	与支撑相同
tf	梁翼缘厚度	与梁相同
tw	同梁腹板厚度	与梁相同
tw1	max(tbw, tw)	与梁相同

节点参数表

参数名称	参数取值(mm) 限制值[参考值]
h	同梁截面高度
hx	0.25~0.7h [0.5h]
bb	同支撑翼缘宽度
hb	同支撑腹板方向高度
b	同梁翼缘宽度
b1	≥max(bb, b)
Lb	梁连接长度：仅梁翼缘宽度因支撑而发生变化时需要。
Lc	支撑连接长度：≥腹板拼接板长度/2+35 [腹板拼接板长度/2+35]
dt	max(1.5tw1, 20)

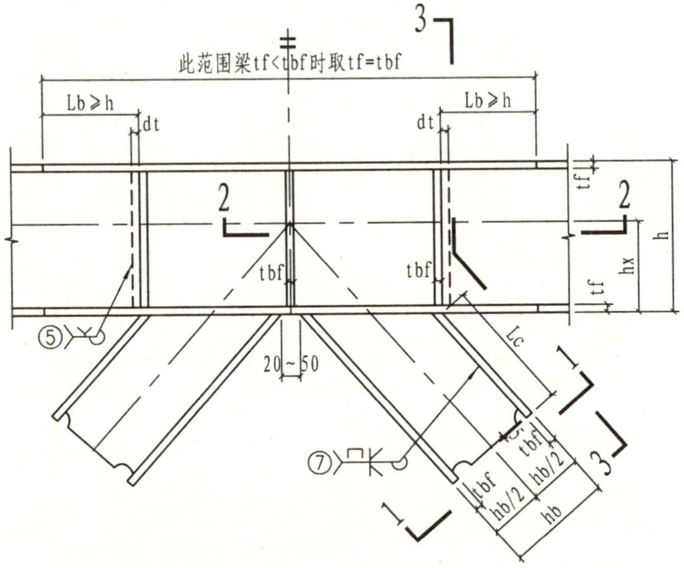

64 未标注焊缝为7号焊缝

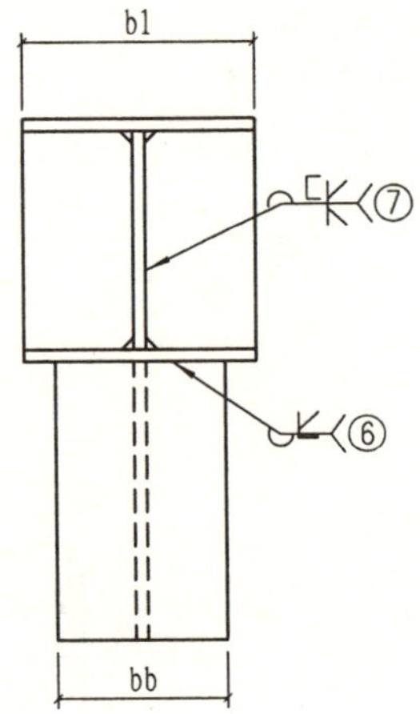

3-3

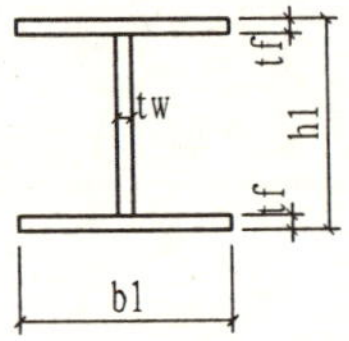

1-1

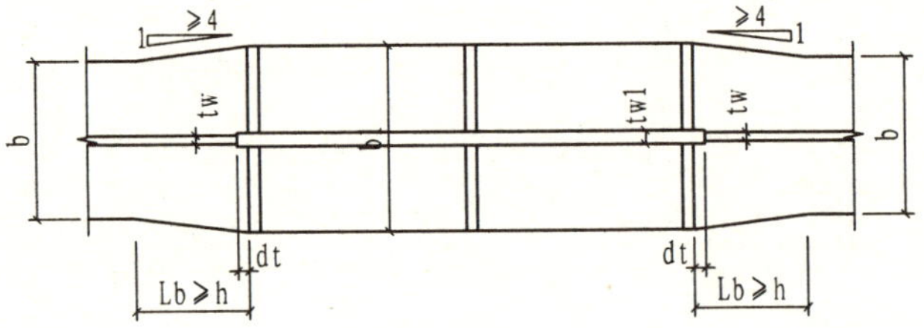

2-2

人字形、V字形支撑节点									图集号	08SG115-1
审核	申林	申林	校对	王浩	王浩	设计	刘岩	刘岩	页	92

适用范围：1. 多高层钢结构、钢-混凝土混合结构中的钢框架；
2. 抗震设防地区及非抗震设防地区。

节点钢板厚度表

板厚符号	板厚取值(mm)	材质要求
tbf	同支撑翼缘厚度	与支撑相同
tbw	同支撑腹板厚度	与支撑相同
tf	梁翼缘厚度+2	与梁相同
tw	同梁腹板厚度	与梁相同
tw1	max(tbw, tw)	与梁相同
tx	α1≤30° 时，tx≥0.5tbf α1≤45° 时，tx≥0.7tbf	与支撑相同

节点参数表

参数名称	参数取值(mm) 限制值［参考值］
C、D	≥100
h	同梁截面高度
hx	0.25～0.7h［0.5h］
bb	同支撑翼缘宽度
hb	同支撑腹板方向高度
b	同梁翼缘宽度
b1	≥max(b1, b2)
Lb	梁连接长度： 仅梁翼缘宽度因支撑而发生变化时需要。
Lc	支撑连接长度： ≥腹板拼接板长度/2+35 ［腹板拼接板长度/2+35］
dt	max(1.5tw1, 20)
α1	0°～45°

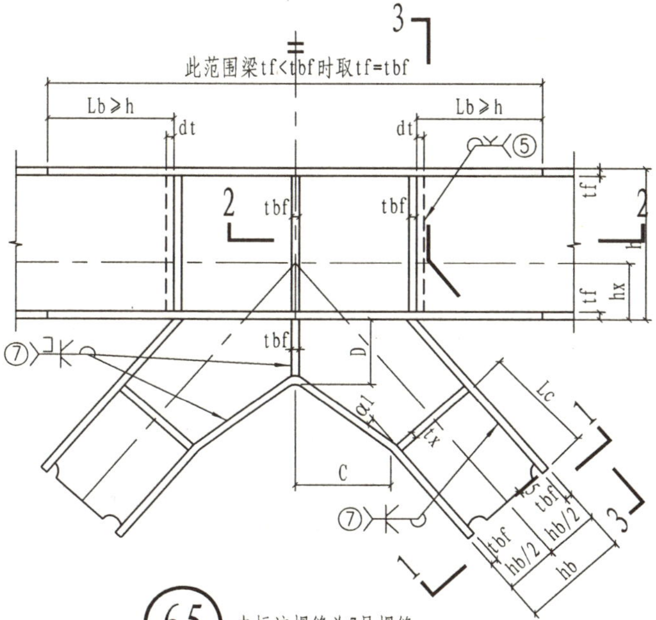

65 未标注焊缝为7号焊缝

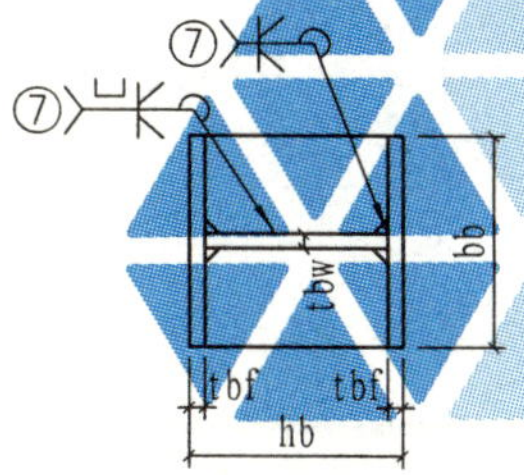

1-1

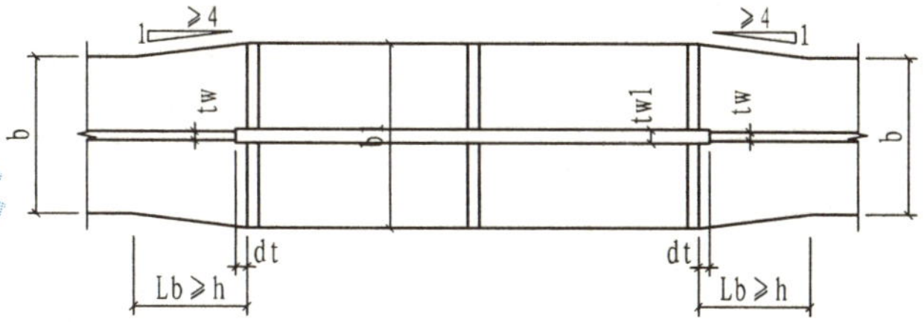

2-2

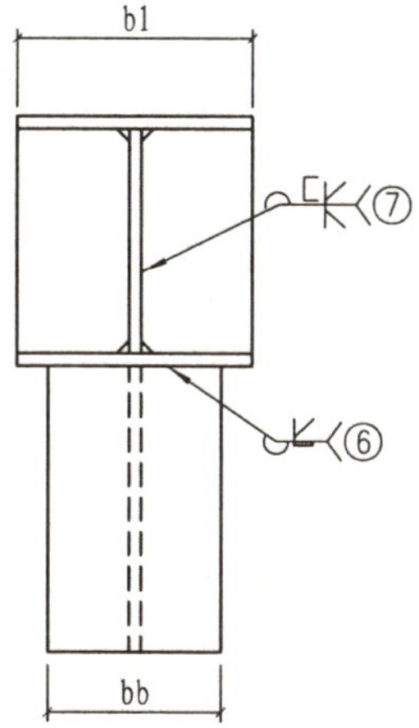

3-3

人字形、V字形支撑节点								图集号	08SG115-1
审核	申林	申林	校对	王浩	王浩	设计	刘岩	刘岩	页	93

适用范围：1. 多高层钢结构、钢-混凝土混合结构中的钢框架；
2. 抗震设防地区及非抗震设防地区。

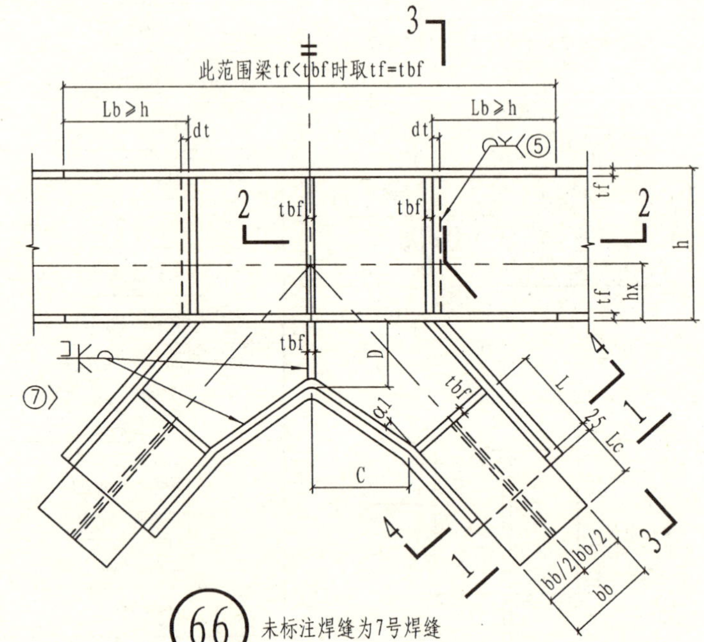

66 未标注焊缝为7号焊缝

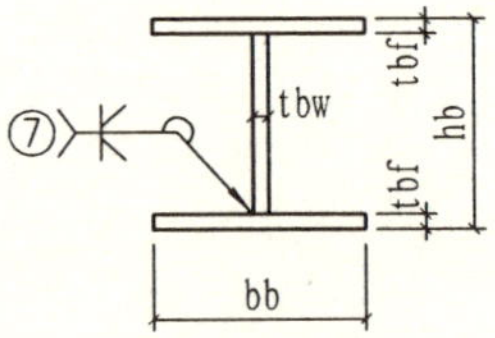

1-1

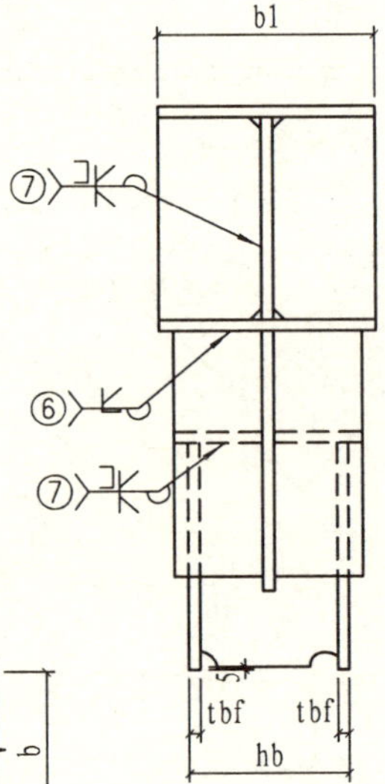

3-3

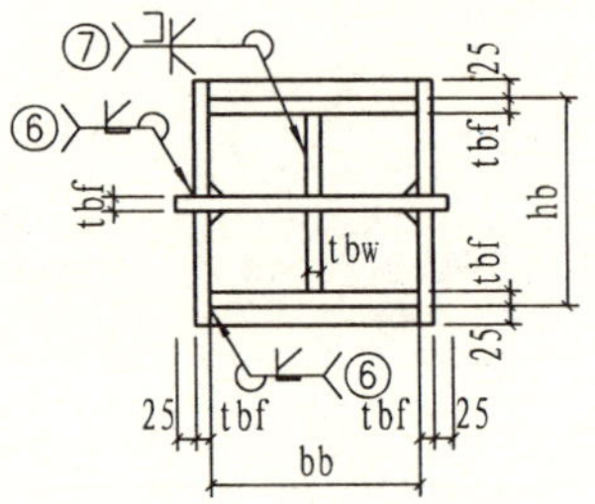

4-4

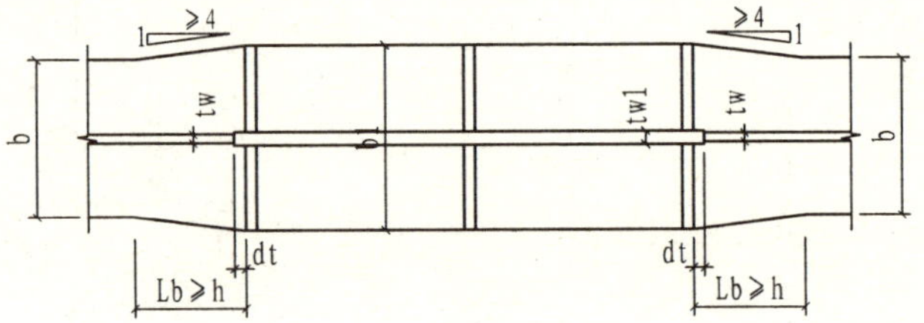

2-2

节点钢板厚度表

板厚符号	板厚取值(mm)	材质要求
tbf	同支撑翼缘厚度	与支撑相同
tbw	同支撑腹板厚度	与支撑相同
tf	梁翼缘厚度+2	与梁相同
tw	同梁腹板厚度	与梁相同
tw1	max(tbw, tw)	与梁相同

节点参数表

参数名称	参数取值(mm) 限制值 [参考值]
C、D	≥100
h	同梁截面高度
hx	0.25～0.7h [0.5h]
bb	同支撑翼缘宽度
hb	同支撑腹板方向高度，hb≥bb
b	同梁翼缘宽度
b1	≥max(bb, b)
L	支撑转轴连接长度：≥hb [hb]
Lb	梁连接长度： 仅梁翼缘宽度因支撑而发生变化时需要。
Lc	支撑连接长度： ≥腹板拼接板长度/2+35 [腹板拼接板长度/2+35]
dt	max(1.5tw1, 20)
α1	0°～45°

人字形、V字形支撑节点

焊缝图例

连接类型	焊缝代号	坡口形状示意图	标注样式	焊透种类	焊接方法	板厚t(mm)	焊接位置	坡口尺寸(mm) b	α1	p	备注
主要用于构件组焊	①	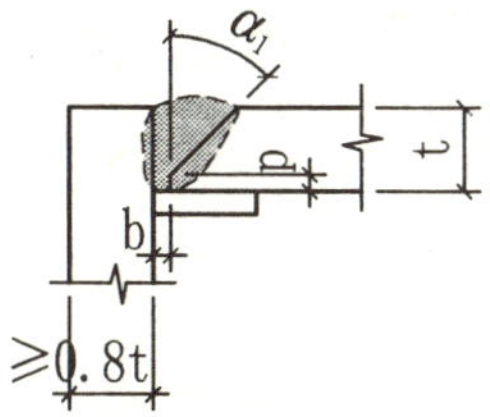 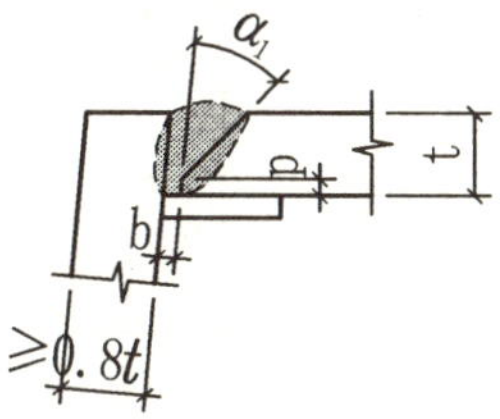		全焊透焊接	焊条手工电弧焊	≥6	F, H V, O	6	45°	0~2	L形
					气体保护焊、自动保护焊	≥6	F, H V, O	6	45°	0~2	
					埋弧焊	≥10	F	6	45°	2	
								10	30°		
		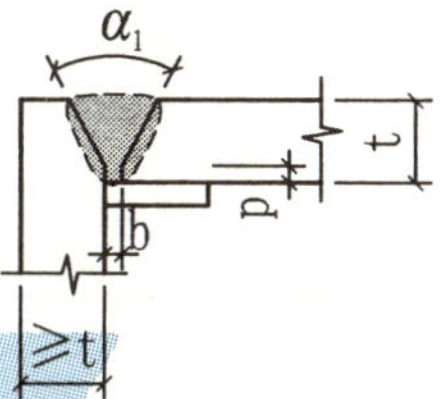 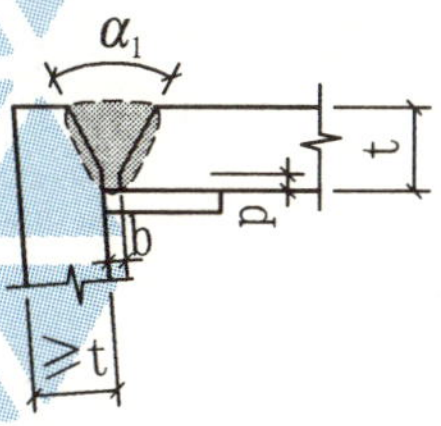		全焊透焊接	焊条手工电弧焊	≥12	F, H V, O	6	45°	0~2	
							F, V O	10	30°		
								13	20°		
					气体保护焊、自动保护焊		F V O	6	45°	0~2	
								10	30°		
					埋弧焊	≥10	F	b =8 p =2 α_1 =45°			

续前表

连接类型	焊缝代号	坡口形状示意图	标注样式	焊透种类	焊接方法	板厚t(mm)	焊接位置	坡口尺寸(mm)	备注
主要用于构件组焊	②	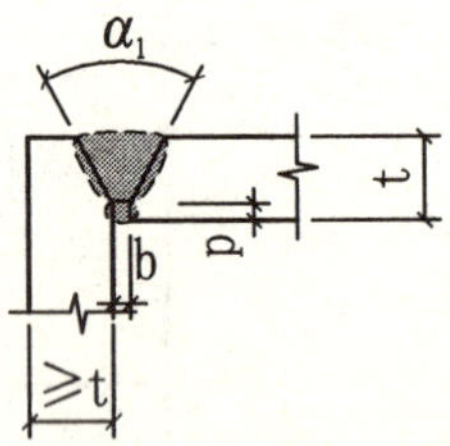	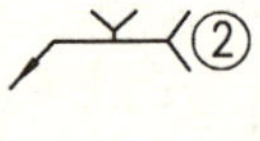	全焊透焊接	焊条手工电弧焊	≥6	F H V O	b =0～3 p =0～3 α_1 =60°	清根 L形
					气体保护焊、自动保护焊				
					埋弧焊	≥10	F	b =0 p =6 α_1 =60°	
	③	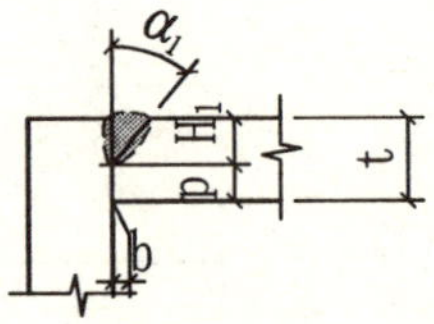	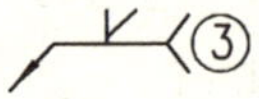	部分焊透焊接	焊条手工电弧焊	≥6	F, H V, O	b =0 $H_1 \geqslant 2\sqrt{t}$ $H_1 \geqslant t/2$ $p = t-H_1$ α_1 =45°	L形
					气体保护焊、自动保护焊	6～24	F, H V, O		
					埋弧焊	≥14	F	b =0 $H_1 \geqslant 2\sqrt{t}$ $p = t-H_1$ α_1 =60°	

续前表

连接类型	焊缝代号	坡口形状示意图	标注样式	焊透种类	焊接方法	板厚t(mm)	焊接位置	坡口尺寸(mm)			备注
主要用于构件及板材拼接	④	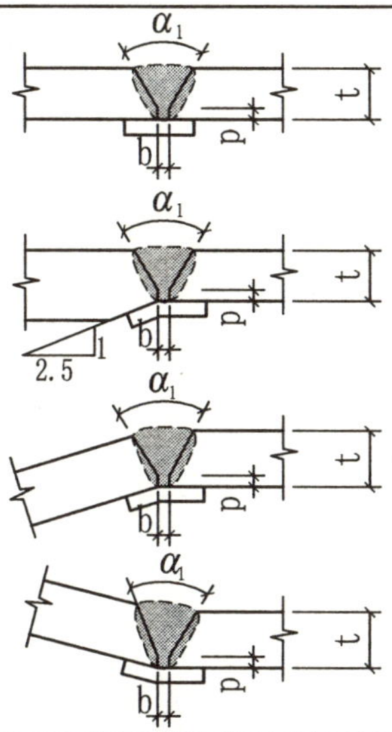	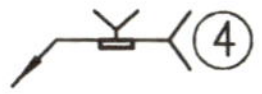	全焊透焊接	焊条手工电弧焊	≥6	F，H V，O	b	α_1	p	一形
								6	45°	0～2	
							F，V O	10	30°		
								13	20°		
					气体保护焊、自动保护焊		F，V O	b	α_1	p	
								6	45°	0～2	
								10	30°		
					埋弧焊	≥10	F	b =8 p =2 α_1 =30°			可以相互代换
	④a	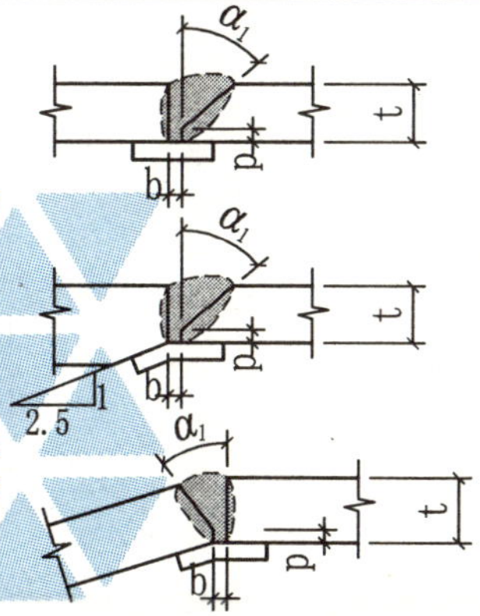	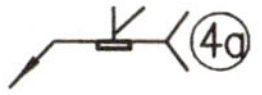	全焊透焊接	焊条手工电弧焊	≥6	F，H V，O	b	α_1	p	
								6	45°	0～2	
					气体保护焊、自动保护焊		F，H V，O	b	α_1	p	
								6	45°	0～2	
					埋弧焊	≥10	F	b	α_1	p	
								6	45°	2	

焊缝图例		图集号	08SG115-1
审核 申林	校对 刘岩 设计 胡天兵	页	97

续前表

连接类型	焊缝代号	坡口形状示意图	标注样式	焊透种类	焊接方法	板厚t(mm)	焊接位置	坡口尺寸(mm)	备注
主要用于构件及板材拼接	⑤	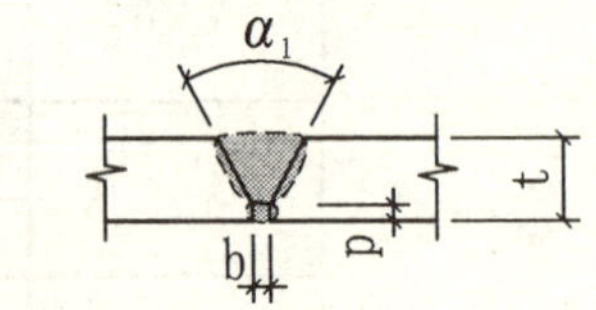 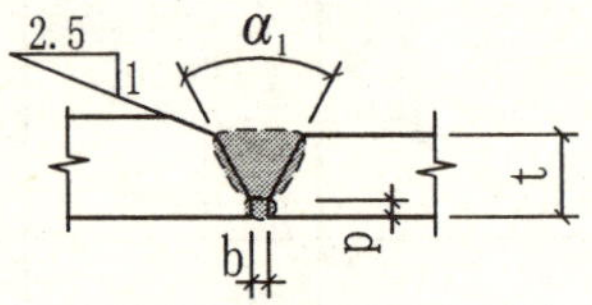	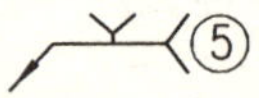	全焊透焊接	焊条手工电弧焊	≥6	F H V O	b =0～3 p =0～3 α_1=60°	清根 一形
					气体保护焊、自动保护焊				
					埋弧焊	≥12	F	b=0 p=6 α_1=60°	
		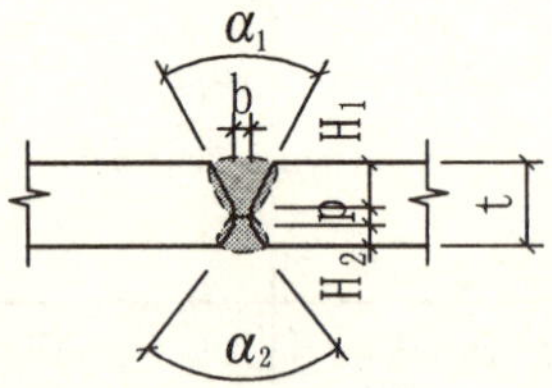 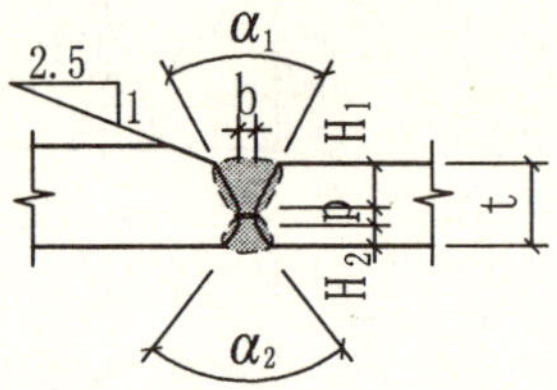		全焊透焊接	焊条手工电弧焊 气体保护焊、自动保护焊	≥16	F H V O	b =0～3 H_1 =2(t-p)/3 p =0～3 H_2 =(t-p)/3 α_1 =60° α_2 =60°	
					埋弧焊	≥20	F	b =0 H_1 =2(t-p)/3 p =6 H_2 =(t-p)/3 α_1 =60° α_2 =60°	

续前表

连接类型	焊缝代号	坡口形状示意图	标注样式	焊透种类	焊接方法	板厚t(mm)	焊接位置	坡口尺寸(mm)	备注
主要用于构件节点区及肋板焊接	⑥	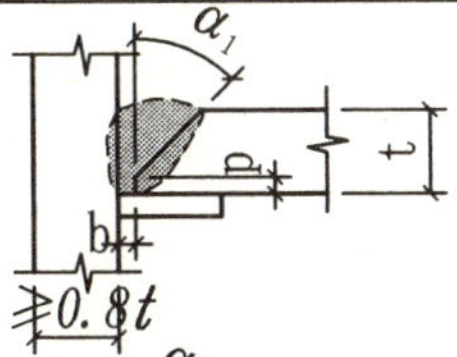		全焊透焊接	焊条手工电弧焊	≥6	F，H V，O	b: 6；α_1: 45°；p: 0~2	T形
		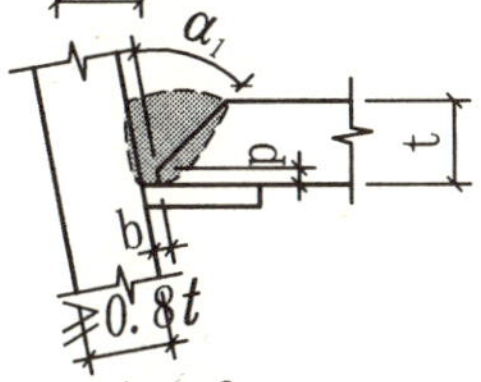			气体保护焊、自动保护焊	≥6	F，H V，O	b: 6；α_1: 45°；p: 0~2	
							F	b: 10；α_1: 30°；p: 0~2	
		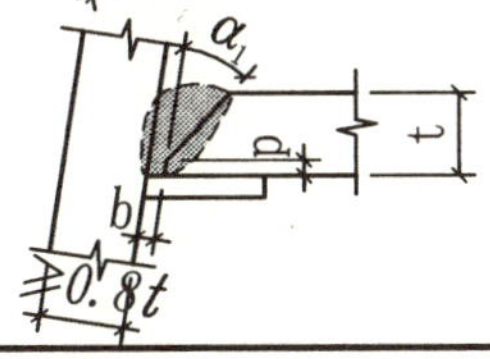			埋弧焊	≥10	F	b: 6；α_1: 45°；p: 2 b: 10；α_1: 30°；p: 2	
	⑦	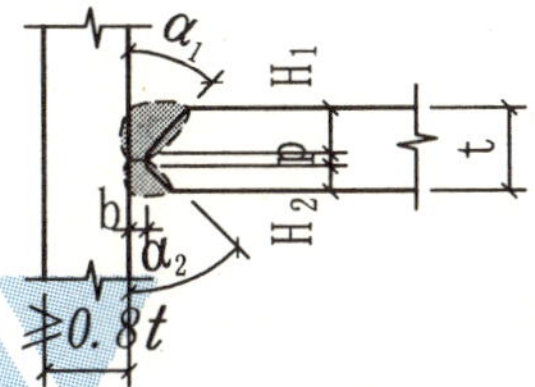		全焊透焊接	焊条手工电弧焊 气体保护焊、自动保护焊	≥16	F H V O	b=0~3 H_1=2(t-p)/3 p=0~3 H_2=(t-p)/3 α_1=45° α_2=60°	清根 T形
		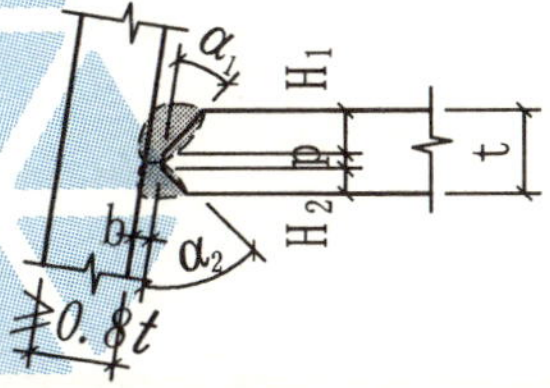			埋弧焊	≥20	F	b=0 H_1=2(t-p)/3 p.=5 H_2=(t-p)/3 α_1=60° α_2=60°	板厚较小时采用7a焊缝

续前表

连接类型	焊缝代号	坡口形状示意图	标注样式	焊透种类	焊接方法	板厚t(mm)	焊接位置	坡口尺寸(mm)	备注
主要用于构件节点区及肋板焊接	7a	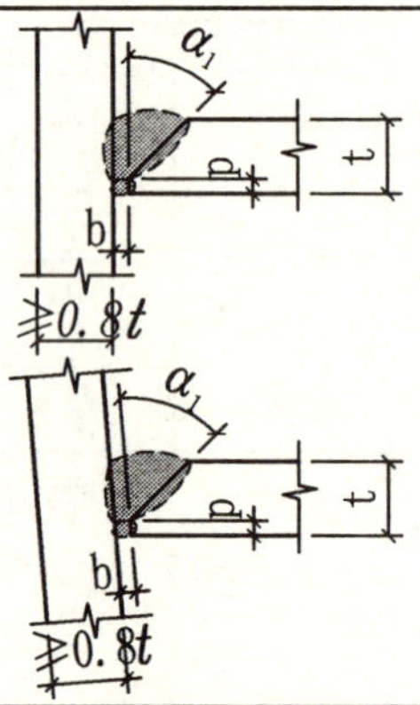	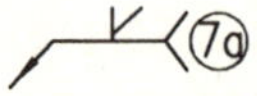	全焊透焊接	焊条手工电弧焊	≥6	F H V O	$b=0\sim3$ $p=0\sim3$ $\alpha_1=45°$	清根 T形 板厚较大时也可采用7焊缝
					气体保护焊、自动保护焊				
					埋弧焊	≥8	F	$b=0$ $H_1=t-p$ $p=6$ $\alpha_1=60°$	
	8	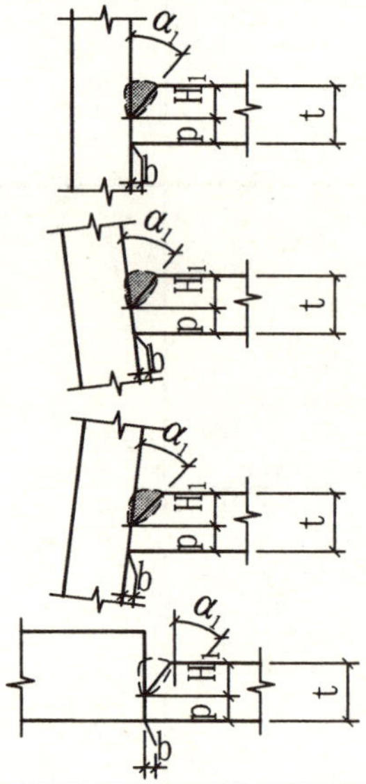	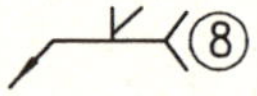	部分焊透焊接	焊条手工电弧焊	≥10	F H V O	$b=0$ $H_1\geq2\sqrt{t}$ $H_1\geq t/2$ $p=t-H_1$ $\alpha_1=45°$	T形 一形
					气体保护焊、自动保护焊				

续前表

连接类型	焊缝代号	坡口形状示意图	标注样式	焊透种类	焊接方法	板厚t(mm)	焊接位置	坡口尺寸(mm)	备注
主要用于构件节点区及肋板焊接	⑨	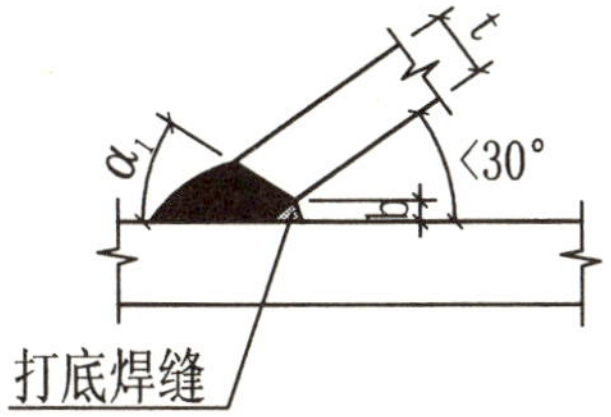		全焊透焊接	焊条手工电弧焊	≤16		b =6 α_1 =55°	非正交T形
	⑩	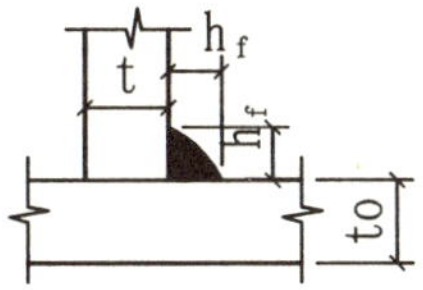			角焊缝	≤8		t_{max} = max(t, to) t_{min} = min(t, to) h_f=min(1.2t_{min}, 8)	T形 不同板厚参数采用的焊接处理方法
		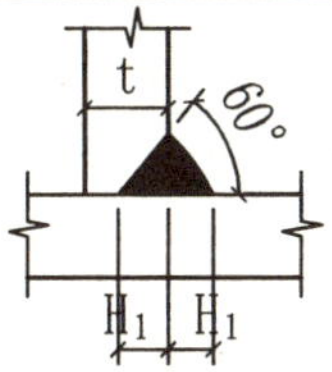			部分焊透对接与角接组合焊缝	≥10		$H_1 \geq t/2$	
	⑪	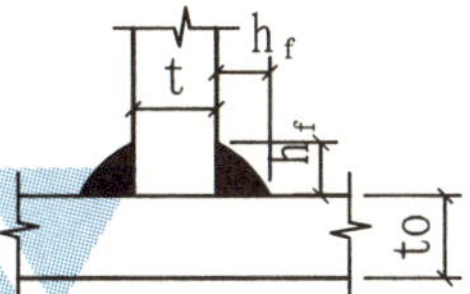			角焊缝	≤8		t_{max} = max(t, to) t_{min} = min(t, to) h_f=min(1.2t_{min}, 8)	T形 不同板厚参数采用的焊接处理方法
		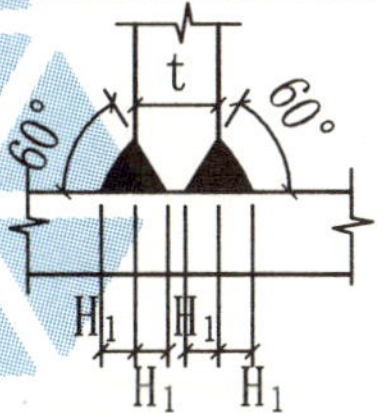			部分焊透对接与角接组合焊缝	≥10		$H_1 \geq t/3$	

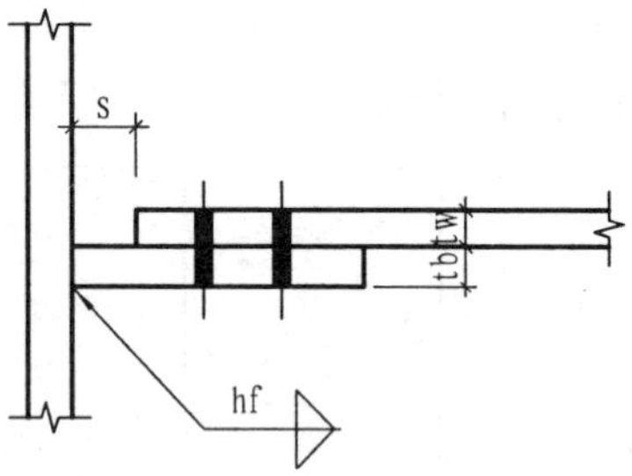

A 用于梁腹板剪力较小时的单剪连接

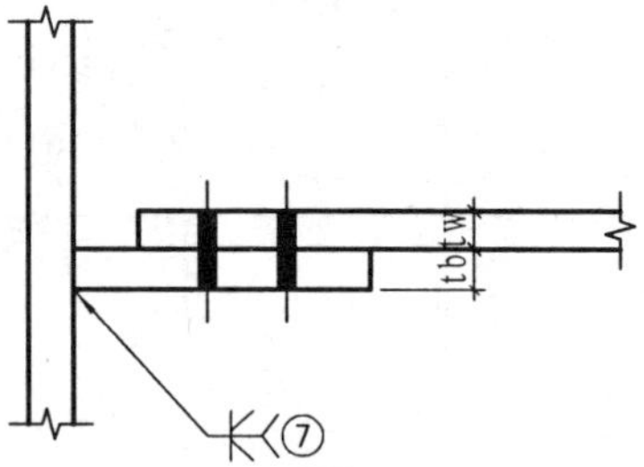

B 用于梁腹板剪力较大时的单剪连接

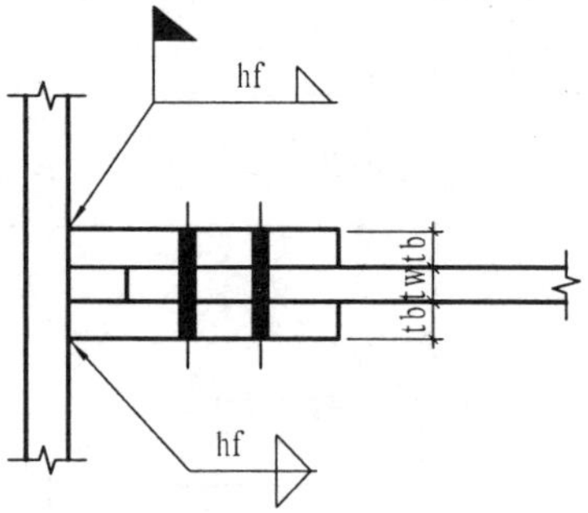

C 用于梁腹板剪力较小时的双剪连接

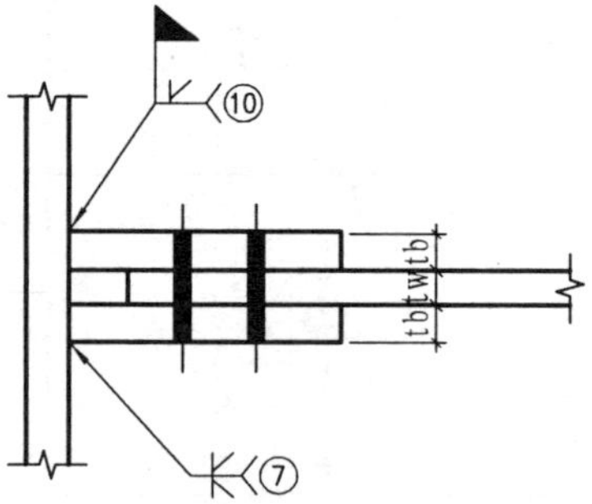

D 用于梁腹板剪力较大时的双剪连接

参数表

参数名称	参数取值(mm)
tw	梁腹板厚度
tb	腹板连接板厚度: 单剪时，tb≥tw，宜取1.2tw; 双剪时，tb≥0.7tw
hf	焊脚尺寸: tb≤6mm时，hf≤tb; tb>6mm时，hf≤tb-(1~2)mm
s	≥10 [15]

注:
1. 腹板连接板材质与梁腹板相同;
2. 应通过计算确定腹板连接的高强度螺栓类型与数量。

梁与柱直接连接示意图						图集号	08SG115-1
审核	申林	校对	刘岩	设计	王喆	页	102

主编单位、参编单位、联系人及电话

主编单位　中国建筑标准设计研究院　胡天兵　010 - 68799100

组织编制单位、联系人及电话

中国建筑标准设计研究院　申林　010 - 68799100（国标图热线电话）

010 - 68318822（发行电话）